머리말

바야흐로 국제화 시대가 도래했다.

우리나라와 제일 가까이에 있는 일본에 대한 관심 또한 많이 높아졌다고 볼 수 있다. 그러나 관심은 높아졌으나 일본에 대한 이해는 여전히 부족한 것이 사실이다. 일본에 대한 관심과 이해를 충족하기 위한 방법은 많겠지만, 가장 효과적인 방법은 역시 직접 일본인들을 만나 서로간의 이해를 도모하는 것일 것이다. 그러기 위해서는 우선 일본어를 익혀야 하는데, 시중에는 너무나도 많은 학습서가 범람하고 있기 때문에 좋은 교재를 선택하기란 쉽지 않다. 어떤 교재를 선택하든 열심히 공부하면 물론 일본어는 익혀질 터이나, 좀 더 효율적으로 학습하기를 원한다면 보다 좋은 교재를 선택하여 공부하는 것이 최선의 방법일 것이다.

이 책은 입문과 기초 수준의 일본어 회화를 익히려고 하는 사람들을 위해 만든 것으로, 혼자 독학하는 사람들을 대상으로 하기보다는 가르치는 사람을 통해 정확하고 실용적인 일본어를 배울 수 있도록 배려하였다. 그렇기 때문에 자세한 설명이나 문법적인 사항은 교사를 통해 학습하기를 기대하는 바이다. 물론 혼자서도 일본어 학습을 할 수는 있으나, 발음이나 미묘한 뉘앙스 등은 좋은 교사를 통해 배울 필요가 있다. 너무 조급하게 생각하지 말고 한 단계 한 단계씩 차근히 공부하다 보면 본인도 모르는 사이에 어느 정도의 수준에 도달해 있음을 깨닫게 될 것이다.

모쪼록 이 교재를 통해 단기간에 정확한 일본어를 습득하여 국제화 시대에 앞서가는 학습자 여러분이 되시길 빌어 마지않는다.

끝으로 개정판을 내기까지 이 교재를 통해 공부하면서 느낀 점을 솔직히 지적해 주신 많은 학습자들과 교사 분들께 감사드리며, 아울러 다락원의 정효섭 사장님 이하 일본어 편집부 여러분들께 마음 가득한 감사를 드리고 싶다.

저자 씀

이 책을 사용하시는 분들에게

1

본 책은 다락원 'Upgrade 일본어 시리즈'의 개정판 제1단계 교재로, 기초 문법과 회화를 동시에 학습하는 커뮤니케이션 중심 입문 교재입니다.

2

전체 구성은 1과부터 3과까지는 문자와 발음, 4과부터 18과까지는 일본어 기초 문법과 회화를 동시에 학습하는 내용으로 되어 있습니다.

3

문자와 발음에는 히라가나와 가타카나를 처음 접하는 학습자의 편의를 위하여 오십음도와 필순을 실어 놓았습니다.

4

각 과는 학습포인트, 단어, 회화, 한자 읽기, 문법, 새로 나온 단어, 연습문제, 포인트회화, 일본어광장으로 구성되어 있습니다.

골인점을 알고 가자!
매 과마다 목표로 하는 **학습포인트**를 쉽게 확인할 수 있습니다.

머리에 쏙쏙! 연상기억법으로 기억하자!
연상법을 통해 한번에 **단어**를 기억할 수 있습니다.

입에서 술술 ~ 막힘 없이 대화하자!
쉬운 대화문으로 막힘 없는 **회화**가 가능합니다.

기초부터 탄탄! 놓칠 수 없는 한자!
한자 읽기에 대한 고민을 처음부터 해결할 수 있습니다.

포인트만 콕콕! 요점만 간단하게!
포인트만 짚어주는 **문법** 학습으로 빠른 시간 안에 일본어의 체계를 잡을 수 있습니다.

자신감이 팍팍! 실력이 쑥쑥!
듣기 연습, 말하기 연습, 듣고 쓰는 연습, 읽고 쓰는 **연습문제**를 통해 실력을 다질 수 있습니다.

말하는 재미가 쏠쏠! 바로바로 써먹자!
포인트회화를 외워서 일상회화에 그대로 사용해 보세요.

재미와 학습을 동시에~!
단어 연습을 겸한 퍼즐과 재미있는 일본어 표현을 실은 **일본어광장**을 통해 일본어에 대한 흥미를 높일 수 있습니다.

10, 15, 18과에는 혼자서 예습과 복습을 하며 실력을 다질 수 있는 실력 업(実力アップ) 코너를 만들었습니다.

부록에는 연습문제 듣기대본, 연습문제 및 퍼즐 정답을 실었습니다.

7

MP3 파일은 단어, 회화, 연습문제, 포인트회화를 제공합니다.

표 기 원 칙
· 일본어에서는 원칙적으로 띄어쓰기를 허용하지 않으나 초급 학습자들의 이해를 위해 띄어쓰기를 하였습니다.
· 상용한자는 한자로 표기하는 것을 원칙으로 하였으나 7과까지는 초급 학습자들을 위해 단어에 따라 상용한자라도 히라가나로 표기하였습니다.

학습목표

01 일본어 문자와 발음(1)
1. 오십음도
2. 청음

02 일본어 문자와 발음(2)
1. 탁음
2. 반탁음
3. 요음
4. 발음
5. 촉음
6. 장음

03 일본어 문자와 발음(3)
1. 가타카나
2. 한자

04 はじめまして
1. 인칭대명사
2. ～は ～です
3. ～は ～ですか
4. ～では(じゃ)ありません
5. ～さん
6. はい／いいえ

05 これは 何ですか
1. こ・そ・あ・ど
2. (何／だれ)ですか
3. ～の
4. ～ですね
5. ～が
6. ～でしょうか

06 いま 何時ですか
1. 숫자 읽기(1～10까지)
2. 시간 읽기
3. ～から ～まで
4. 시간 표현 ①
5. ～でした(か)

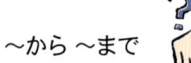

07 たんじょう日は いつですか
1. ～は いつですか
2. 연・월・일・요일 읽기
3. 시간 표현 ②
4. ～(です)よ

08 いくらですか
1. いくらですか
2. ～は いかがですか
3. ～に します
4. 숫자 읽기(100 이상)
5. 화폐 종류

09 きょうは とても 寒いです
1. (い형용사 어간) いです(か)
2. (い형용사 어간) く ありません／く ないです
3. (い형용사 어간) かったです(か)
4. (い형용사) 명사 수식
5. ～と ～と どちらの 方が ～ですか
6. ～より ～の 方が ～です
7. ～でしょう

10 私は テニスが 好きです
1. (な형용사 어간) です　　2. (な형용사 어간) では ありません／じゃ ありません
3. (な형용사)な 명사 수식　　4. ～が 好きです　　5. ～(です)が

11 この 近くに 病院は ありますか

1. ～に あります／ありません　　2. 위치 표현
3. ～は どこですか　　4. ～建て

12 兄は 今 どこに いますか
1. ～に います／いません　　2. 가족 호칭　　3. 조수사

13 毎朝 何時に 起きますか
1. (동사)～ます(か)　　2. (동사)～ません　　3. ～に
4. ～で　　5. ～し ～し

14 レポートを もう 書きましたか
1. (동사의 ます형)～ました(か)　　2. い형용사, な형용사의 부사형
3. (동사의 ます형)～ませんでした(か)　　4. (동사의 ます형)～ませんか
5. (동사의 ます형)～ましょう(か)

15 映画を 見に 行きませんか
1. ～中　　2. ～に 行く　　3. ～たい

16 一度 食べて ください

1. (동사)～て(で)　　2. (い형용사 어간) くて／(な형용사 어간) で
3. (い형용사 어간) くない (명사)／(な형용사 어간) では(じゃ) ない (명사)
4. (동사의 て형)～て ください

17 どこに 住んで いますか
1. ～て(で) いる(진행)　　2. ～て(で) いる(상태)　　3. ～て(で) いる(완료)
4. ～(ぐらい) かかる　　5. 복합동사의 명사형

18 たばこを 吸っても いいですか
1. ～ても いいです(か)　　2. ～ては こまります　　3. ～ても かまいません(か)
4. ～て みる　　5. ～てから　　6. ～(です)から

차례

- 01 일본어 문자와 발음(1) …………………… 9
- 02 일본어 문자와 발음(2) …………………… 22
- 03 일본어 문자와 발음(3) …………………… 30
- 04 はじめまして …………………………… 36
- 05 これは 何ですか ………………………… 44
- 06 いま 何時ですか ………………………… 52
- 07 たんじょう日は いつですか …………… 62
- 08 いくらですか …………………………… 70
- 09 きょうは とても 寒いです …………… 78
- 10 私は テニスが 好きです ……………… 88
- 11 この 近くに 病院は ありますか ……… 98
- 12 兄は 今 どこに いますか …………… 106
- 13 毎朝 何時に 起きますか ……………… 116
- 14 レポートを もう 書きましたか ……… 124
- 15 映画を 見に 行きませんか …………… 132
- 16 一度 食べて ください ………………… 144
- 17 どこに 住んで いますか ……………… 152
- 18 たばこを 吸っても いいですか ……… 160
- 부록 연습문제 듣기대본 ………………… 174
-      연습문제 및 퍼즐 정답 …………… 179

01 일본어 문자와 발음(1)

学習ポイント

1 오십음도
2 청음

	あ행	か행	さ행	た행	な행
あ단	あ ア あめ 사탕	か カ かに 게	さ サ さる 원숭이	た タ たこ 문어	な ナ なす 가지
い단	い イ いえ 집	き キ きって 우표	し シ しお 소금	ち チ ちち 아버지	に ニ にわ 정원
う단	う ウ うま 말	く ク くち 입	す ス すいか 수박	つ ツ つり 낚시	ぬ ヌ ぬいぐるみ 봉제인형
え단	え エ えんそく 소풍	け ケ けしごむ 지우개	せ セ せっけん 비누	て テ てぶくろ 장갑	ね ネ ねこ 고양이
お단	お オ おに 도깨비	こ コ こくばん 칠판	そ ソ そら 하늘	と ト とり 새	の ノ のり 김

오십음도

は행	ま행	や행	ら행	わ행
は ハ はは 어머니	ま マ まど 창문	や ヤ やおや 채소가게	ら ラ らくだ 낙타	わ ワ わたあめ 솜사탕
ひ ヒ ひまわり 해바라기	み ミ みかん 귤		り リ りす 다람쥐	
ふ フ ふうせん 풍선	む ム むしば 충치	ゆ ユ ゆき 눈	る ル るすばん 집보기	
へ ヘ へや 방	め メ めがね 안경		れ レ れきし 역사	を ヲ ごはんをたべる 밥을 먹다
ほ ホ ほし 별	も モ もも 복숭아	よ ヨ よる 밤	ろ ロ ろうそく 촛불	ん ン たんぽぽ 민들레

あ행

「あ・い・う・え・お」는 일본어의 모음이다. 발음은 우리말 '아・이・우・에・오'와 비슷하며 「う」는 우리말 '우'와 '으'의 중간음이다.

あめ 사탕

いえ 집

うま 말

えんそく 소풍

オアシス 오아시스

Track 01

か 행

か	き	く	け	こ
ka	ki	ku	ke	ko
カ	キ	ク	ケ	コ

か행의 자음은 단어의 처음에 올 때와 중간에 올 때의 발음이 다르다. 단어 첫머리에 올 때는 우리말 'ㅋ'에 가깝고, 단어 중간에 올 때는 'ㄲ'과 비슷하게 발음된다.

かに 게

きって 우표

くち 입

ケーキ 케이크

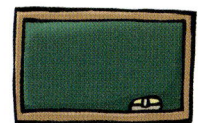

こくばん 칠판

さ행

さ	し	す	せ	そ
sa	si[shi]	su	se	so
サ	シ	ス	セ	ソ

さ행의 자음은 우리말 'ㅅ'에 가깝고 「す」는 '스'에 가깝게 발음한다.

さる 원숭이

シーソー 시소

すいか 수박

せっけん 비누

そら 하늘

청음 清音

た 행

た	ち	つ	て	と
ta	ti[chi]	tu[tsu]	te	to
タ	チ	ツ	テ	ト

た행의 자음은 단어의 처음에 올 때와 중간에 올 때의 발음이 다르다. 단어 첫머리에 올 때는 한국어의 'ㅌ'과 영어의 [t]발음에 가깝다. 단어 중간에 올 때는 된소리로 변하여 'ㄸ'과 비슷하게 발음된다. 단, 「ち」와 「つ」는 우리말에 없는 발음인 만큼 정확한 일본어 발음을 반복해 들으면서 발음을 익히도록 노력하여야 한다.

たこ 문어

ちち 아버지

つり 낚시

テント 텐트

とり 새

01 일본어 문자와 발음 (1)

な 행

な 행의 자음은 우리말 'ㄴ'과 같기 때문에 발음상 특별한 문제점은 없다.

なす 가지

にわ 정원

ぬいぐるみ 봉제인형

ねこ 고양이

ノート 노트

청음 清音

は행

は	ひ	ふ	へ	ほ
ha	hi	hu[fu]	he	ho
ハ	ヒ	フ	ヘ	ホ

は행의 자음은 우리말 'ㅎ'과 거의 비슷하기 때문에 특별히 문제점은 없으나 「ひ」, 「ふ」는 한국어의 발음보다 강하게 발음한다.

はは 어머니

ヒーター 히터

ふうせん 풍선

へや 방

ほし 별

ま행

ま행의 자음은 우리말 'ㅁ'과 같기 때문에 발음상의 문제점은 없다.

まど 창문

みかん 귤

むしば 충치

メロン 멜론

もも 복숭아

청음 清音

や행

や	ゆ	よ
ya	yu	yo
ヤ	ユ	ヨ

「や・ゆ・よ」는 우리말 '야・유・요'와 거의 비슷하게 발음된다. 일본어에서는 や행을 반모음이라고 한다.

やおや 채소가게

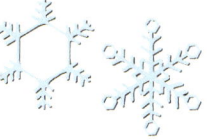
ゆき 눈

ヨット 요트

ら행

ら행의 자음은 우리말 'ㄹ'과 같다. 영어의 [l]로 발음하지 않도록 주의한다.

ラーメン 라면

りす 다람쥐

ルビー 루비

レモン 레몬

ロケット 로켓

わ행

청음 清音

특수음

わ	を	ん
wa	o[wo]	n
ワ	ヲ	ン

「わ」는 우리말 '와'와 같다. わ행의 「を」는 현대어에서 쓰이는데, 목적격 조사로 '~을(를)'이라는 뜻이며 발음은 「お」와 같다. 「わ」도 일본어에서는 반모음이라고 한다.

わたあめ 솜사탕

ごはんをたべる
밥을 먹다

ワンワン 멍멍

02 일본어 문자와 발음(2)

学習ポイント

1. 탁음
2. 반탁음
3. 요음
4. 발음
5. 촉음
6. 장음

が행

が ぎ ぐ げ ご
ガ ギ グ ゲ ゴ

が행은 영어의 [g] 발음과 같다. 우리말 'ㄱ'하고는 다르다는 것에 주의한다.

예) がく 액자   かぎ 열쇠   すぐ 곧
    げた 나막신   ごみ 쓰레기

ざ행

ざ じ ず ぜ ぞ
ザ ジ ズ ゼ ゾ

ざ행의 발음은 영어의 [z] 발음과 같다. 우리말 'ㅈ'과는 비슷하지만 조금 더 부드러운 발음이다.

예) ざる 소쿠리   にじ 무지개   すずめ 참새
    かぜ 바람   ぞう 코끼리

Track 02

だ행

だ ぢ づ で ど
ダ ヂ ヅ デ ド

だ행의 「ぢ・づ」는 ざ행의 「じ・ず」와 발음이 같다. 「だ・で・ど」의 발음은 영어의 [d]에 해당하는 발음이다. 우리말 'ㄷ'과는 다른 발음이므로 주의해야 한다.

- 예) だんし 남자　　　はなぢ 코피　　　つづき 계속
　　 そで 소매　　　　どろ 진흙

ば행

ば び ぶ べ ぼ
バ ビ ブ ベ ボ

ば행의 발음은 영어의 [b]발음과 같다. 우리말 'ㅂ'보다 부드러운 음이다.

- 예) ばら 장미　　　くび 목　　　ぶどう 포도
　　 かべ 벽　　　　ぼうえき 무역

반탁음 半濁音 　Track 03

ぱ행

ぱ　ぴ　ぷ　ぺ　ぽ
パ　ピ　プ　ペ　ポ

반탁음은 ぱ행뿐이다. ぱ행의 단어에는 외래어가 많다. 단어의 처음에 올 때는 영어의 [p]에 가까운 발음이고, 단어의 중간에 올 때는 우리말 'ㅃ'에 가까운 발음이다.

예 　パン 빵　　　　ピアノ 피아노　　　プロペラ 프로펠러
　　ペンギン 펭귄　　ポプラ 포플러

요음은 い단 문자에 작은 크기의 「や・ゆ・よ」를 붙인 것을 말한다. 요음이 붙은 발음의 길이는 한 음절과 같다. 요음에서 가장 중요한 것은 발음의 길이로, 두 자처럼 보이지만 한 음절로 발음한다.

きゃ きゅ きょ　キャ キュ キョ
ぎゃ ぎゅ ぎょ　ギャ ギュ ギョ

예) おきゃく 손님　サンキュー 고맙다(thank you)　きんぎょ 금붕어

しゃ しゅ しょ　シャ シュ ショ
じゃ じゅ じょ　ジャ ジュ ジョ

예) かいしゃ 회사　しゅみ 취미　ショッピング 쇼핑

ちゃ ちゅ ちょ　チャ チュ チョ

예) おちゃ 차　ちゅうい 주의　チョーク 분필

にゃ にゅ にょ　ニャ ニュ ニョ

예) こんにゃく 곤약　ニュース 뉴스　にょうぼう 처(마누라)

ひゃ	ひゅ	ひょ	ヒャ	ヒュ	ヒョ
びゃ	びゅ	びょ	ビャ	ビュ	ビョ
ぴゃ	ぴゅ	ぴょ	ピャ	ピュ	ピョ

예) ひゃく 백　　ヒューズ 퓨즈　　びょういん 병원

| みゃ | みゅ | みょ | ミャ | ミュ | ミョ |

예) みゃくどう 맥동　　ミュージカル 뮤지컬　　みょうぎ 묘기

| りゃ | りゅ | りょ | リャ | リュ | リョ |

예) しょうりゃく 생략　　リュックサック 배낭　　りょこう 여행

「ん」은 비음으로 단어의 첫머리에 오는 경우는 없고 항상 다른 글자 밑에 붙어 발음된다. 우리말의 받침과 비슷한 기능을 하지만, 다른 점은 「ん」은 하나의 음절 길이를 가진다는 것이다. 「ん」의 발음은 뒤에 오는 음에 따라서 변하므로 주의해서 발음해야 한다.

「ま」「ば」「ぱ」행 앞에서는 [m]로 발음

예) さんま 꽁치　　　ぶんめい 문명　　　こんぶ 다시마
　　さんぽ 산책

「な」「た」「ら」「ざ」「だ」행 앞에서는 [n]로 발음

예) おんな 여자　　　はんたい 반대　　　べんり 편리
　　ぎんざ 긴자(지명)　ほんだな 책꽂이

「か」「が」행 앞에서는 [ŋ]으로 발음

예) けんか 싸움　　　まんが 만화　　　にほんご 일본어

단, 「ん」이 단어의 끝에 오거나 「あ・さ・は・や・わ」행 앞에 올 때는 [m] [n] [ŋ]과도 다른 발음이 된다. 즉 [n]과 [ŋ]의 중간음이 된다. 이것은 혀를 입 안 어디에도 접촉시키지 않고 발음을 해야 한다.

예) ほん 책　　　ほんや 책방, 서점　　　でんわ 전화

촉음 促音

Track 06

작은 「っ」를 다른 문자의 오른쪽 아래에 붙여 우리말의 받침과 같이 쓰는데, 우리말의 받침과 다른 점은 「っ」는 하나의 음절로 독립된 길이를 가진다는 것이다. 같은 작은 글씨지만 요음과는 달리 한 음절의 길이를 갖는 것에 주의해야 한다. 촉음 「っ」도 뒤에 오는 음에 따라 발음이 달라진다.

「か」행 앞에서는 [k]로 발음

예) いっかい 1층　　　さっか 작가　　　がっこう 학교

「さ」행 앞에서는 [s]로 발음

예) いっさい 한 살　　　ざっし 잡지　　　けっせき 결석

「た」행 앞에서는 [t]로 발음

예) みっつ 셋　　　あさって 모레　　　おっと 남편

「ぱ」행 앞에서는 [p]로 발음

예) いっぱい 가득　　　いっぴき 한 마리　　　きっぷ 표

일본어의 장음은 단어 자체에 장·단음이 존재하기 때문에 단어를 보고 장음으로 표시된 것은 길게 발음하고 그렇지 않은 것은 보통 한 음절의 길이로 발음하면 된다. 가타카나의 장음은 모두「ー」로 나타낸다.

- **あ단**
  - 예 おかあさん 어머니　　おばあさん 할머니　　カーテン 커튼

- **い단**
  - 예 おにいさん 형, 오빠　　おじいさん 할아버지　　ビール 맥주

- **う단**
  - 예 くうき 공기　　ぎゅうにゅう 우유　　ふうふ 부부

- **え단**
  - 예 おねえさん 언니, 누나　　ケーキ 케이크　　がくせい 학생

- **お단**
  - 예 おとうと 남동생　　とおい 멀다　　コーヒー 커피

03 일본어 문자와 발음(3)

学習ポイント

1. 가타카나
2. 한자

가타카나는 주로 외래어를 표기할 때 사용된다. 경우에 따라서는 의성어나 의태어, 학술 용어 등을 표기하기도 한다. 가타카나는 한자의 일부분을 따서 만들어졌기 때문에 히라가 나에 비해 획순이 간결한 것이 특징이다.

■ 히라가나에는 없는 가타카나 표기

예 「ア、イ、ウ、エ、オ」
　ソファー 소파　　　キャンディー 캔디, 사탕
　タトゥー 문신　　　カフェ 카페
　フォーク 포크

「ヴ」
　ヴェートーベン(ベートーベン) 베토벤

　アイスクリーム 아이스크림

　　　　　　　エレベーター 엘리베이터

サラダ 샐러드 　　ゲーム 게임

　　　　　　　タクシー 택시

Track 08

スカート 스커트

ソックス 양말

ニュース 뉴스

ノック 노크

プール 수영장

ベッド 침대

メニュー 메뉴

ユーモア 유머

 チョコレート 초콜릿

チーズ 치즈

 デザート 디저트

 トースト 토스트

ナイフ 나이프

 ネクタイ 넥타이

 バナナ 바나나

ピアノ 피아노

ヨーグルト 요구르트

ボール 공

マナー 매너

ミルク 우유

ランチ 점심식사

リモコン 리모콘

ルール 규칙

レタス 양상추

レストラン 레스토랑

ロボット 로봇

Track 09

일본어는 우리말과 마찬가지로 문장 속에 한자를 섞어 쓰는데, 우리는 한자를 읽을 때 음독(音読)만 하는데 비해, 일본어에서는 음독과 훈독(訓読)이 있어 공부하기에 꽤 어려운 면이 있다. 또 같은 한자이면서도 여러 가지로 음독이 되거나, 훈독이 되는 경우가 있어 새로운 단어가 나올 때마다 하나씩 차근하게 익힐 필요가 있다.

(1) **음독(音読)** : 한자를 중국의 음에 따라 읽는 것

　예) 国民(こくみん) 국민

　　　中間(ちゅうかん) 중간

　　　都市(とし) 도시

(2) **훈독(訓読)** : 한자의 뜻을 새겨 일본어로 읽는 것

　예) 国(くに) 나라

　　　中(なか) 가운데

　　　都(みやこ) 도읍지

(3) **일본한자** : 일본어의 한자 중에는 중국에는 없는 일본어 고유의 한자가 있다. 이것은 일본에서 만들어낸 한자라고 할 수 있다.

　예) 峠(とうげ) 고개, 언덕

　　　辻(つじ) 십자로

　　　働く(はたらく) 일하다

　　　枠(わく) 테두리

あいさつことば (인사말)

Q1. 빈 칸을 채우면 일본어의 어떤 인사말이 완성됩니다. 무엇일까요?

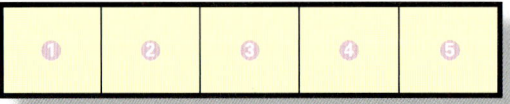

❶ ひらがな의 맨 첫 글자
❷ ひらがな의 ら행 ら◯るれろ
❸ か에 탁음을 붙이면?
❹ '새'를 일본어로 하면? ◯り
❺ '말'을 일본어로 하면? ◯ま

Q2. 일본에서 잘 쓰는 인사말의 첫글자를 따면 어떤 단어가 됩니다. 무엇일까요?

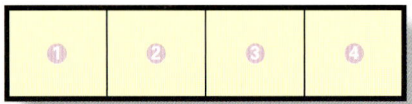

❶ ◯はようございます。
안녕하세요 (아침 인사)
❷ ◯りがとうございます。
고맙습니다
❸ ◯つれいします。
실례합니다
❹ ◯みません。
죄송합니다

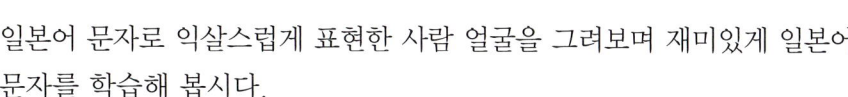

 (이모티콘)

일본어 문자로 익살스럽게 표현한 사람 얼굴을 그려보며 재미있게 일본어 문자를 학습해 봅시다.

へのへのもへじ	へめへめくつじ
きざくら	へへののしし
ひひっひひ	つるニハ〇〇ムシ

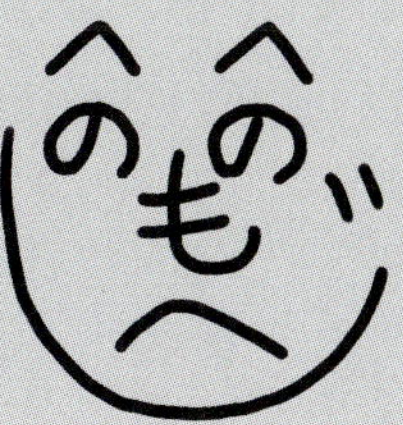

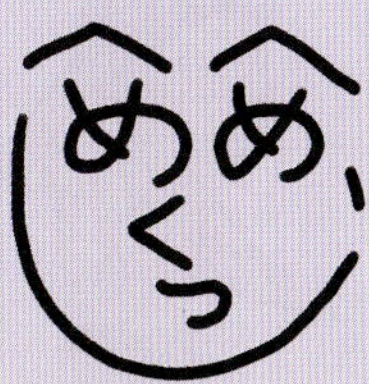

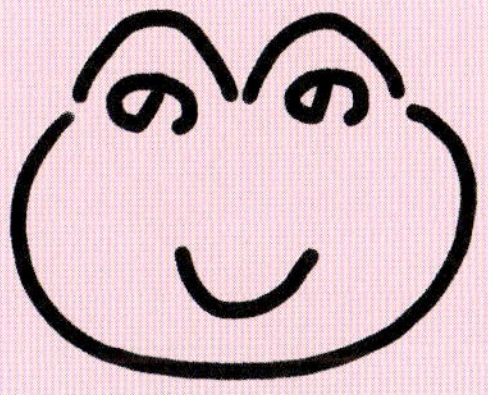

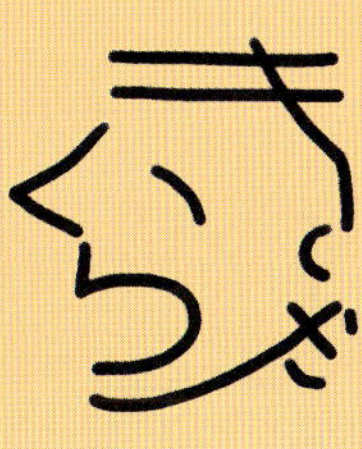

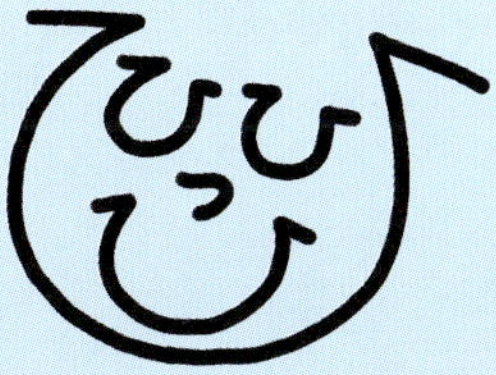

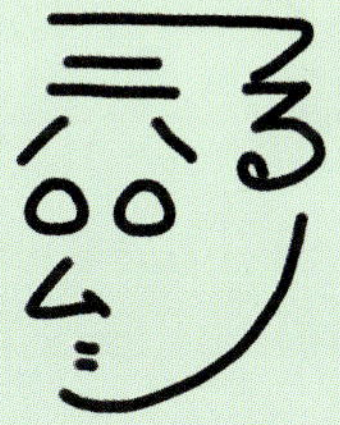

04 はじめまして

学習ポイント

1 わたしは 中田です。
2 朴さんは だいがくせいですか。
3 いいえ、だいがくせいでは ありません。

単語 Track 10

はじめまして 처음 뵙겠습니다

～は ～은(는)

～さん ～씨

～ですか ～입니까?

そうです 그렇습니다

いいえ 아니오

かいしゃいん 회사원

わたし 나, 저

～です ～입니다

だいがくせい 대학생

はい 예

～も ～도

～では ありません
～이(가) 아닙니다

Track 11

中田　：はじめまして。

朴　　：はじめまして。

中田　：わたしは　中田です。

朴　　：わたしは　朴です。

中田　：朴さんは　だいがくせいですか。

朴　　：はい、そうです。中田さんも　だいがくせいですか。

中田　：いいえ、だいがくせいでは　ありません。かいしゃいんです。

- 私(わたし) 나, 저　・大学生(だいがくせい) 대학생　・会社員(かいしゃいん) 회사원

01 인칭대명사

1인칭	わたし(나, 저)／ぼく(나)
2인칭	あなた(당신)／きみ(자네, 너)
3인칭	かれ(그)／かのじょ(그녀)／あのひと(그 사람)
부정칭	だれ(누구)

02 ～は ～です   ～은(는) ～입니다

예) わたしは 中田(なかた)です。
わたしは 高橋(たかはし)まさとです。
わたしは 朴(パク)スチョルです。

03 ～は ～ですか   ～은(는) ～입니까?

예) 朴さんは だいがくせいですか。
先生(せんせい)は にほんじんですか。
あなたは かいしゃいんですか。

새로 나온 단어

☐ せんせい(先生) 선생님　　　　　　☐ にほんじん(日本人) 일본인

04 ～では(じゃ) ありません　～이(가) 아닙니다

예) わたしは だいがくせいでは ありません。
わたしは ちゅうごくじんでは ありません。かんこくじんです。
わたしは 中村(なかむら)では ありません。中田です。

05 ～さん　～씨, ～님

예) 朴さんは だいがくせいですか。
中田さんは かいしゃいんですか。
陳(チン)さんは ちゅうごくじんですか。

06 はい／いいえ　예/아니오

예) はい、わたしは いしゃです。
いいえ、朴さんは にほんじんでは ありません。

はい、そうです。
いいえ、そうでは ありません。

- ちゅうごくじん(中国人) 중국인
- かんこくじん(韓国人) 한국인
- いしゃ(医者) 의사
- そうでは ありません 그렇지 않습니다

1 다음을 듣고 내용과 맞는 그림을 골라 봅시다. (V 표시)

2 다음 그림을 보면서 대화를 해 봅시다.

①

　A : はじめまして。
　B : はじめまして。わたしは ＿＿＿＿＿です。
　　　どうぞ よろしく。

②

　A : わたしは 会社員です。あなたは ＿＿＿＿＿ですか。
　B : はい、わたしは ＿＿＿＿＿です。

③

　A : わたしは 日本人です。あなたも 日本人ですか。
　B : いいえ、わたしは 日本人では ありません。
　　　＿＿＿＿＿です。

Track 12

3 다음을 듣고 서로 맞는 것을 연결해 봅시다.

①
中村

ⓐ

②
金

ⓑ

③
高橋

ⓒ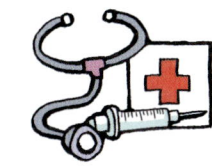

④
中田

ⓓ

⑤
林

ⓔ

4 다음 문장을 읽고 질문에 맞는 답을 골라 봅시다.

> はじめまして。わたしは 林美恵です。わたしは 日本人では ありません。韓国人です。わたしは 大学生です。どうぞ よろしく おねがいします。

(1) 林さんは 大学生ですか。
　① はい、林さんは 会社員です。
　② はい、林さんは 大学生です。
　③ いいえ、林さんは 大学生では ありません。
　④ いいえ、林さんは 会社員です。

(2) 林さんは 日本人ですか。
　① はい、そうです。
　② はい、林さんは 中国人です。
　③ いいえ、林さんは 韓国人です。
　④ いいえ、林さんは 韓国人では ありません。

Track 13 ポイント 会話

1 자기 소개(이름)

はじめまして。
わたしは 高橋です。
どうぞ よろしく（おねがいします）。

はじめまして。わたしは 加藤です。
こちらこそ よろしく（おねがいします）。

2 자기 소개(국적 및 직업)

せんせいは
かんこくじんですか。

いいえ、わたしは
かんこくじんでは ありません。
にほんじんです。

05 これは 何ですか

学習ポイント

1 これは けいたい電話です。
2 これは 中村さんのですね。
3 この 電子てちょうも 中村さんのでしょうか。

Track 14 　単語

これ 이것 	何 무엇 
けいたい(電話) 휴대전화 	だれ 누구 
～の ～의/～의 것	ええと 음
～ね ～군요	どの方 어느 분 
～が ～이(가)	あちら 저쪽(저분) 
それじゃ(それでは) 그럼	この 이
電子てちょう 전자수첩 	～でしょうか ～인가요?

会話

加藤 : これは 何ですか。

中村 : これは けいたい電話です。

加藤 : だれの けいたいですか。

中村 : ええと、これは 朴さんのですね。

加藤 : どの方が 朴さんですか。

中村 : あちらが 朴さんです。

加藤 : それじゃ、この 電子てちょうも 朴さんのでしょうか。

中村 : そうです。

- **携帯**(けいたい) 휴대
- **誰**(だれ) 누구, 아무
- **手帳**(てちょう) 수첩

01 こ・そ・あ・ど

	근칭	중칭	원칭	부정칭
사물	これ(이것)	それ(그것)	あれ(저것)	どれ(어느 것)
방향	こちら(이쪽)	そちら(그쪽)	あちら(저쪽)	どちら(어느 쪽)
장소	ここ(여기)	そこ(거기)	あそこ(저기)	どこ(어디)
연체	この(이~)	その(그~)	あの(저~)	どの(어느~)
형용	こんな(이런~)	そんな(그런~)	あんな(저런~)	どんな(어떤~)

02 (何／だれ)ですか　(무엇 / 누구)입니까?

예　A : これは　何ですか。
　　B : それは　ノートです。

　　A : あの　ひとは　だれですか。
　　B : あの　ひとは　中田(なかた)さんです。

03 〜の　〜의 / 〜의 것

예　それは　わたしの　えんぴつです。
　　高橋(たかはし)さんの　かさは　これです。
　　いいえ、あれは　山本(やまもと)さんのじゃ　ありません。

04 〜ですね　〜(이)군요

예) これは 高橋さんのですね。
あの 人(ひと)は 金(キム)さんですね。
この とけいは 山本さんのですね。

05 〜が　〜이/가

예) A : どの 方(かた)が 朴さんですか。
B : あちらが 朴さんです。

あの 人(ひと)が 高橋さんです。

06 〜でしょうか　〜인가요?

예) これは だれの 本(ほん)でしょうか。
あの 辞書(じしょ)も 林(はやし)さんのでしょうか。
この 消(け)しゴムも 山本さんのでしょうか。

새로 나온 단어

- ノート 노트
- かさ(傘) 우산
- じしょ(辞書) 사전
- ひと(人) 사람
- とけい(時計) 시계
- け(消)しゴム 지우개
- えんぴつ(鉛筆) 연필
- ほん(本) 책

1 다음을 듣고 내용과 맞는 그림을 골라 봅시다. (V 표시)

2 다음 그림을 보면서 대화를 해 봅시다.

① A : これは だれの 本ですか。
　　B : それは _____の _____です。

② A : これは だれの かさですか。
　　B : それは _____の _____です。

③ A : これは だれの かばんですか。
　　B : _____のです。

Track 16

3 다음 대화를 듣고 밑줄 친 곳에 들어갈 단어를 보기에서 골라 번호와 읽는 법을 히라가나로 써 봅시다.

① A : これは 何ですか。
　　B : それは _____ です。（　　）

② A : これも えんぴつですか。
　　B : いいえ、それは _____ です。（　　）

③ A : これは だれの てちょうですか。
　　B : それは 中村さんのです。
　　A : この _____ も 中村さんのですか。（　　）
　　B : はい、それも 中村さんのです。

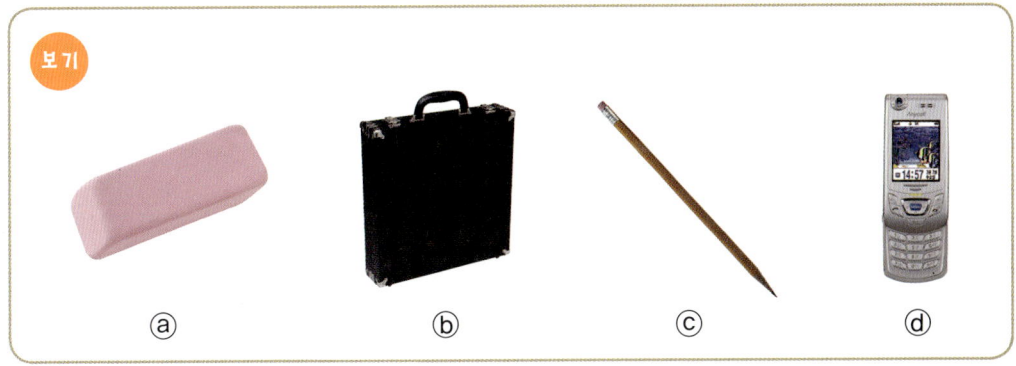

보기
ⓐ　　ⓑ　　ⓒ　　ⓓ

4 다음 문장을 읽고 질문에 맞는 답을 골라 봅시다.

これは 朴さんの けいたい電話です。その 電子てちょうは 朴さんのでは ありません。それは 加藤さんのです。あれは 高橋さんの かさです。あの とけいは 高橋さんのでは ありません。あれは 林さんのです。

(1) 電子てちょうは だれのですか。
① 朴さんのです。
② 加藤さんのです。
③ 高橋さんのです。
④ 林さんのです。

(2) とけいは だれのでしょうか。
① 朴さんのです。
② 加藤さんのです。
③ 高橋さんのです。
④ 林さんのです。

1 확인(사물의 소유)

2 확인(사람)

06 いま <ruby>何<rt>なん</rt></ruby><ruby>時<rt>じ</rt></ruby>ですか

学習ポイント

1. 숫자 읽기
2. 시간 읽기
3. かいぎは 10時から 11時 20分までです。
4. かいぎは 何時まででしたか。

単語 Track 18

- いま 지금
- 〜<ruby>時<rt>じ</rt></ruby> 〜시
- きょう 오늘
- 〜から〜まで
  〜에서(부터) 〜까지
- 〜でした(か) 〜였습니다(였습니까?)
- <ruby>午後<rt>ごご</rt></ruby> 오후
- ええ 네

- <ruby>何時<rt>なんじ</rt></ruby> 몇 시
- 〜<ruby>分<rt>ふん/ぷん</rt></ruby> 〜분
- かいぎ 회의
- きのう 어제
- <ruby>午前<rt>ごぜん</rt></ruby> 오전
- <ruby>毎日<rt>まいにち</rt></ruby> 매일
- たいへんです
  큰일입니다, 힘듭니다

Track 19

金 : いま、何時ですか。

中田 : 9時 40分です。

金 : きょうの かいぎは 何時からですか。

中田 : 10時から 11時 20分までです。

金 : きのうの かいぎは 何時まででしたか。

中田 : 午前 11時から 午後 3時まででした。

金 : 毎日 かいぎですね。

中田 : ええ、毎日 たいへんです。

- **今日**(きょう) 오늘
- **会議**(かいぎ) 회의
- **昨日**(きのう) 어제

01 숫자 읽기(1~10까지)

1	2	3	4	5
いち	に	さん	し(よん)	ご
6	7	8	9	10
ろく	しち(なな)	はち	きゅう(く)	じゅう

02 시간 읽기

① 시 읽기(~時)

いちじ　にじ　さんじ　よじ　ごじ　ろくじ

しちじ　はちじ　くじ　じゅうじ　じゅういちじ　じゅうにじ

② 분 읽기(~分)

1分	2分	3分	4分	5分
いっぷん	にふん	さんぷん	よんぷん	ごふん
6分	7分	8分	9分	10分
ろっぷん	ななふん	はっぷん	きゅうふん	じゅっぷん
20分	30分／半	40分	50分	60分
にじゅっぷん	さんじゅっぷん／はん	よんじゅっぷん	ごじゅっぷん	ろくじゅっぷん

03 〜から 〜まで 〜에서(부터) 〜까지

예) 銀行は 午前 9時から 午後 4時 30分までです。
昼休みは 何時から 何時までですか。
テストは いつから いつまでですか。

04 시간 표현 ❶

그저께	어제	오늘	내일	모레
おととい	きのう	きょう	あした(あす)	あさって

05 〜でした(か) 〜였습니다(였습니까?)

예) じゅぎょうは 9時から 4時まででした。
きのうは 休みでしたか。
えいがは 10時から 1時まででした。

새로 나온 단어

- ぎんこう(銀行) 은행
- ひるやすみ(昼休み) 점심시간
- テスト 테스트, 시험
- いつ 언제
- じゅぎょう(授業) 수업
- やすみ(休み) 휴가, 휴일
- えいが(映画) 영화

1 다음을 듣고 내용과 맞는 것에는 O, 틀린 것에는 X를 해 봅시다.

① 　　② 　　③

_____　　　_____　　　_____

2 다음 그림을 보면서 대화를 해 봅시다.

①

A：いま 何時 何分ですか。
B：いま _____ です。

②
A：テストは いつから いつまでですか。
B：_____ から _____ までです。

③

A：休みは いつまででしたか。
B：_____ まででした。

3 다음 대화를 듣고 밑줄 친 곳에 알맞은 말을 써 봅시다.

①

銀行は _____ から _____ までです。

②

休みは _____ から _____ までです。

③

テストは _____ まででした。

4 다음 문장을 읽고 질문에 맞는 답을 골라 봅시다.

> テストは きのうから あしたまでです。きのうの テストは 午後 4時から 午後 6時まででした。きょうの テストは 午前 9時から 午前 11時までです。あしたの テストは 午後 2時から 午後 4時までです。あさっては 休みです。毎日 たいへんです。

(1) テストは いつから いつまでですか。
　　① きのうから きょうまでです。
　　② きのうから あしたまでです。
　　③ きょうから あしたまでです。
　　④ きょうから あさってまでです。

(2) 문장의 내용과 맞지 않는 것은?
　　① きのうの テストは 午後 4時から 午後 6時まででした。
　　② きょうの テストは 午前 9時から 午前 11時までです。
　　③ あしたの テストは 午後 2時から 午後 4時までです。
　　④ あしたから あさってまで 休みです。

Track 21　ポイント　会話

1　시간 묻기

いま 何時ですか。

いま 6時 半です。

2　시간 및 일정 묻기

休みは いつから いつまでですか。

休みは きょうから あしたまでです。

クロスワード

よこのかぎ (가로열쇠)
① 휴대전화
② 한국인
③ 전자수첩
④ 은행
⑤ 대학생

たてのかぎ (세로열쇠)
Ⓐ 회사
Ⓑ 일본
Ⓒ 이것
Ⓓ 처음 뵙겠습니다
Ⓔ 중국
Ⓕ 사전

早口言葉 (빨리 말하기)
<small>はや くち こと ば</small>

早口言葉란 발음하기 어려운 말이나 표현을 골라서 누가 더 빨리 정확하게 말하는지 겨루는 말놀이의 하나입니다. 이러한 早口言葉는 아나운서 같은 사람들이 말하기 연습을 위해 사용하기도 하죠. 발음 연습 삼아 다음의 주어진 문장들을 빠르고 정확하게 말해 봅시다.

- ガスバス爆発 : 가스버스 폭발 <small>(ばくはつ)</small>

- 生麦生米生卵 : 생보리 생쌀 날달걀 <small>(なまむぎなまごめなまたまご)</small>

- カエルぴょこぴょこ三ぴょこぴょこ合わせてぴょこぴょこ六ぴょこぴょこ : 개구리 팔짝 팔짝 셋 팔짝 팔짝 합쳐서 팔짝 팔짝 여섯 팔짝 팔짝 <small>(み / あ / む)</small>

- スモモも桃も桃のうち 桃もスモモも桃のうち <small>(もも もも もも もも)</small>
: 자두도 복숭아도 복숭아 종류 복숭아도 자두도 복숭아 종류

- 新人歌手新春シャンソンショー : 신인 가수 신춘 샹송쇼 <small>(しんじん か しゅ しんしゅん)</small>

- 坊主が屏風に上手に坊主の絵を描いた <small>(ぼうず びょうふ じょうず え か)</small>
: 스님이 병풍에 능숙하게 스님 그림을 그렸다

07 たんじょう日は いつですか

学習ポイント

1 中村さんの たんじょう日は いつですか。
2 연, 월, 일 읽기
3 요일 읽기
4 わたしもですよ。

単語　Track 22

たんじょう日 생일

今年 올해, 금년

月ようび 월요일

何年 몇 년

1982年(せんきゅうひゃくはちじゅうにねん) 1982년

～よ ～(이)에요

同じ 같은

～月 ～월

何ようび 무슨 요일

失礼ですが 실례합니다만

～うまれ ～(출)생

じゃ 그럼

年 나이

Track 23 会話

朴　：中村さんの たんじょう日は いつですか。
中村：4月 2日です。
朴　：今年は 何ようびでしたか。
中村：月ようびでした。朴さんの たんじょう日は いつですか。
朴　：7月 24日です。
中村：失礼ですが、何年うまれですか。
朴　：1982年うまれです。
中村：わたしもですよ。じゃ、同じ年ですね。

・誕生日(たんじょうび) 생일　・〜曜日(〜ようび) 〜요일　・〜生まれ(〜うまれ) 〜(출)생

01 〜は いつですか　〜은(는) 언제입니까?

예) テニスの 試合は いつですか。
卒業式は いつですか。
修学旅行は いつですか。

02 연・월・일・요일 읽기

① 월 읽기(〜月) : 何月(몇 월)

いちがつ	にがつ	さんがつ	しがつ	ごがつ	ろくがつ	しちがつ	はちがつ	くがつ	じゅうがつ	じゅういちがつ	じゅうにがつ
1月	2月	3月	4月	5月	6月	7月	8月	9月	10月	11月	12月

② 일・요일 읽기 : 何日(며칠), 何ようび(무슨 요일)

月ようび	火ようび	水ようび	木ようび	金ようび	土ようび	日ようび
		1日 ついたち	2日 ふつか	3日 みっか	4日 よっか	5日 いつか
6日 むいか	7日 なのか	8日 ようか	9日 ここのか	10日 とおか	11日 じゅういちにち	12日 じゅうににち
13日 じゅうさんにち	14日 じゅうよっか	15日 じゅうごにち	16日 じゅうろくにち	17日 じゅうしちにち	18日 じゅうはちにち	19日 じゅうくにち
20日 はつか	21日 にじゅういちにち	22日 にじゅうににち	23日 にじゅうさんにち	24日 にじゅうよっか	25日 にじゅうごにち	26日 にじゅうろくにち
27日 にじゅうしちにち	28日 にじゅうはちにち	29日 にじゅうくにち	30日 さんじゅうにち	31日 さんじゅういちにち		

③ 연 읽기(〜年) : 何年(몇 년)

1年 いちねん	2年 にねん	3年 さんねん	4年 よねん	5年 ごねん
6年 ろくねん	7年 しちねん	8年 はちねん	9年 きゅうねん	10年 じゅうねん

03　시간 표현 ❷

去年 (작년)	今年 (금년, 올해)	来年 (내년)
先月 (지난달)	今月 (이번 달)	来月 (다음 달)
先週 (지난주)	今週 (이번 주)	来週 (다음 주)

04　〜(です)よ　〜(이)에요

예　A : 面接は 火ようびですか。

　　B : いいえ、水ようびですよ。

　　A : しけんは いつからですか。

　　B : あしたからですよ。

새로 나온 단어

- テニス 테니스
- しあい(試合) 시합
- そつぎょうしき(卒業式) 졸업식
- しゅうがくりょこう(修学旅行) 수학여행
- めんせつ(面接) 면접
- しけん(試験) 시험

1 다음을 듣고 내용과 맞는 그림을 골라 봅시다. (V 표시)

(1)

①

②

(2)

①

②

(3)

①

②

2 다음 그림을 보면서 대화를 해 봅시다.

① A: しけんは 何日から 何日までですか。
　 B: ＿＿＿＿＿＿＿＿＿＿＿＿＿＿＿＿＿です。

② A: テニスの 試合は 何ようびですか。
　 B: ＿＿＿＿＿＿＿＿＿＿＿＿＿＿＿＿＿です。

③ A: 中田さんの たんじょう日は いつですか。
　 B: ＿＿＿＿＿＿＿＿＿＿＿＿＿＿＿＿＿です。

3 다음을 듣고 밑줄 친 곳에 알맞은 말을 써 봅시다.

① きょうは 1月 ＿＿＿＿＿＿です。

② テニスの 試合は ＿＿＿＿＿＿＿＿＿＿でした。

③ 休みは ＿＿＿＿＿＿からです。

4 다음 문장을 읽고 질문에 맞는 답을 골라 봅시다.

中村さんの たんじょう日は 4月 20日です。中村さんの たんじょう日は おとといでした。朴さんの たんじょう日は 4月 24日、土ようびです。朴さんの たんじょう日は あさってです。中村さんは 1982年うまれです。朴さんも 同じ年です。

(1) きょうは 何月 何日ですか。
　① 4月 21日です。
　② 4月 22日です。
　③ 4月 23日です。
　④ 4月 24日です。

(2) 다음 중 문장의 내용과 맞지 않는 것은?
　① おとといは 4月 20日でした。
　② 中村さんの たんじょう日は 水ようびでした。
　③ 4月 24日は 土ようびです。
　④ 朴さんも 1982年うまれです。

Track 25 ポイント 会話

1 생일 묻기

金さんの たんじょう日は いつですか。

わたしの たんじょう日は 3月 8日です。

2 요일 묻기

テニスの 試合は 何ようびですか。

日ようびです。

08 いくらですか

学習ポイント

1 いくらですか。
2 こちらの は いかがですか。
3 これに します。

Track 26 **単語**

すみません 실례합니다	デジカメ 디지털 카메라
いい 좋다	店員(てんいん) 점원
新製品(しんせいひん) 신제품	いくら 얼마
～円(えん) ～엔	ちょっと 조금
高い(たか) (가격 등이) 비싸다	いかがですか 어떻습니까?
さっき 아까	～より ～보다
安い(やす) 싸다	～に します ～로 하겠습니다

会話

中村 : すみません、この デジカメ、いいですね。

店員 : はい、新製品です。

中村 : いくらですか。

店員 : 57,800円です。

中村 : ちょっと 高いですね。

店員 : それじゃ、こちらのは いかがですか。さっきのより 安いですよ。

中村 : いくらですか。

店員 : これは 49,000円です。

中村 : じゃ、これに します。

- 新製品(しんせいひん) 신제품
- 安い(やすい) 싸다, 저렴하다
- 高い(たかい) (가격 등이) 비싸다, 높다

01 いくらですか　얼마입니까?

예) これは 全部(ぜんぶ)で いくらですか。
トマトは 一(ひと)つ いくらですか。
この めがねは いくらですか。

하나 ひとつ	둘 ふたつ	셋 みっつ	넷 よっつ	다섯 いつつ

여섯 むっつ	일곱 ななつ	여덟 やっつ	아홉 ここのつ	열 とお

02 ～は いかがですか　～은(는) 어떻습니까?

예) こちらの ノートパソコンは いかがですか。
この カメラは いかがですか。
コーヒーは いかがですか。

새로 나온 단어

- ぜんぶで(全部で) 전부 다 (해서)
- ノートパソコン 노트북
- あかい(赤い) 빨갛다
- のみもの(飲物) 마실 것
- トマト 토마토
- カメラ 카메라
- くつ 신발, 구두
- ミルクティー 밀크티
- めがね 안경
- コーヒー 커피
- さいふ(財布) 지갑

文法

03 ～に します　～로 하겠습니다

예) 赤い くつに します。

　　この さいふに します。

　　A: 飲物は 何に しますか。
　　B: 私は ミルクティーに します。

04 숫자 읽기(100 이상)

～百	100 ひゃく	200 にひゃく	300 さんびゃく	400 よんひゃく	500 ごひゃく
	600 ろっぴゃく	700 ななひゃく	800 はっぴゃく	900 きゅうひゃく	
～千	1,000 せん	2,000 にせん	3,000 さんぜん	4,000 よんせん	5,000 ごせん
	6,000 ろくせん	7,000 ななせん	8,000 はっせん	9,000 きゅうせん	
～万	10,000 いちまん	20,000 にまん	30,000 さんまん	40,000 よんまん	50,000 ごまん
	60,000 ろくまん	70,000 ななまん	80,000 はちまん	90,000 きゅうまん	100,000 じゅうまん

05 화폐 종류

1円(いちえん)　　5円(ごえん)　　10円(じゅうえん)

50円(ごじゅうえん)　　100円(ひゃくえん)　　500円(ごひゃくえん)

千円(せんえん)　　2千円(にせんえん)　　5千円(ごせんえん)

1万円(いちまんえん)

1 다음을 듣고 가격이 얼마인지 맞는 것을 골라 봅시다. (V 표시)

(1)

(2)

(3)

① 130円
② 1,300円
③ 13,000円

① 26,000円
② 2,600円
③ 20,600円

① 1,080円
② 18,000円
③ 10,800円

2 다음 그림을 보면서 대화를 해 봅시다.

①

A：この ちいさい 電子てちょうは いくらですか。
B：＿＿＿＿＿＿＿＿＿＿です。

②

A：加藤(かとう)さん、飲物は 何に しますか。
B：私は ＿＿＿＿＿＿＿に します。

③

A：こちらのは いかがですか。
B：私は ＿＿＿＿＿＿＿が いいですね。

Track 28

3 다음을 듣고 밑줄 친 곳에 알맞은 말을 써 봅시다.

①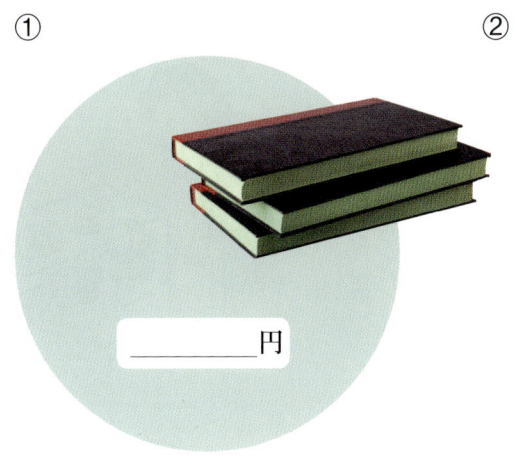
＿＿＿＿＿円

②
＿＿＿＿＿円

③
＿＿＿＿＿円

④
＿＿＿＿＿円

4. 다음 문장을 읽고 질문에 맞는 답을 골라 봅시다.

デジカメは カメラより 高いです。この デジカメは 43,000円です。これは 新製品では ありません。新製品は あれです。あれは 58,000円です。新製品の デジカメは ちょっと 高いです。私は 安い デジカメに します。

(1) 新製品の デジカメは いくらですか。
   ① 43,000円
   ② 48,000円
   ③ 53,000円
   ④ 58,000円

(2) 어떤 디지털 카메라로 정했습니까?
   ① 新製品の デジカメ
   ② 43,000円の デジカメ
   ③ 57,800円の デジカメ
   ④ ちょっと 高い デジカメ

ポイント 会話

1 가격 묻고 답하기

ノートパソコンは いくらですか。

200,000円です。

2 선택 표현

中村さん、飲物は 何に しますか。

私は ミルクティーに します。

09 きょうは とても 寒いです

学習ポイント

1 きょうは とても 寒いです。
2 東京と ソウルと どちらの 方が 寒いですか。
3 東京より ソウルの 方が 寒いです。

単語 Track 30

とても 대단히, 매우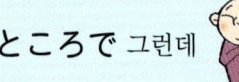

でも 그러나

ところで 그런데

どちら 어디, 어느 쪽

そうですね 글쎄요

どう 어떻게

どんな 어떤, 어떠한

～で ～에서(장소)

雪 눈

寒い 춥다

もっと 더욱 더

～と ～와(과)

～方 ～쪽

やっぱり 역시

～でしょう ～이죠

ところ 곳, 장소

いちばん 가장, 제일

多い 많다

会話

Track 31

中田 : きょうは とても 寒いですね。

金 : でも、きのうよりは 寒く ありませんよ。

中田 : きのうは もっと 寒かったですか。

金 : ええ、きょうより 寒かったですよ。ところで 中田さん、東京と ソウルと どちらの 方が 寒いですか。

中田 : そうですね。やっぱり 東京より ソウルの 方が 寒いですね。

金 : 北海道は どうですか。

中田 : 北海道の 方が ソウルより もっと 寒いでしょう。

金 : 北海道は どんな ところですか。

中田 : 日本で いちばん 雪が 多い ところです。

- 寒い(さむい) 춥다
- 一番(いちばん) 가장, 제일
- 所(ところ) 곳, 장소
- 雪(ゆき) 눈

01 （い형용사 어간) いです(か)　~입니다(입니까?)

예) 韓国の 春は あたたかいです。
　　この とけいは 高いです。
　　北海道は 寒いですか。

계절 표현　春(봄)　夏(여름)　秋(가을)　冬(겨울)

02 （い형용사 어간) く ありません／く ないです　~(지) 않습니다

예) 日本の 冬は 寒く ありません。
　　私の りんごは 大きく ないです。
　　この デジカメは 安く ないです。

いい → よく ありません、よく ないです

03 （い형용사 어간) かったです(か)　~였습니다(였습니까?)

예) あの 映画は とても おもしろかったです。
　　きのうの 試験は むずかしかったです。
　　きのうは もっと 暑かったですか。

04 （い형용사) 명사 수식

예) 日本で いちばん 雪が 多い ところです。
　　とても 小さい りんごですね。
　　この 黒い かばんは 私のです。

文法

05 ～と ～と どちらの 方が ～ですか
~와 ~은(는) 어느 쪽이 ~입니까?

例 東京と ソウルと どちらの 方が 寒いですか。
本と 辞書と どちらの 方が 安いですか。
みかんと りんごと どちらの 方が おいしいですか。

06 ～より ～の 方が ～です　～보다 ~쪽이 ~입니다

例 東京より ソウルの 方が 雪が 多いです。
英語（えいご）より 日本語（にほんご）の 方が やさしいです。
小説（しょうせつ）より 映画の 方が おもしろいです。

07 ～でしょう　~이지요

例 北海道の 方が ソウルより もっと 寒いでしょう。
韓国の 夏が もっと 暑いでしょう。
英語が 日本語より もっと むずかしいでしょう。

새로 나온 단어

- あたたかい(暖かい) 따뜻하다
- おもしろい 재미있다
- ちいさい(小さい) 작다
- みかん 귤
- にほんご(日本語) 일본어
- りんご 사과
- むずかしい(難しい) 어렵다
- くろい(黒い) 검다
- おいしい 맛있다
- やさしい(易しい) 쉽다
- おおきい(大きい) 크다
- あつい(暑い) 덥다
- かばん 가방
- えいご(英語) 영어
- しょうせつ(小説) 소설

1 다음을 듣고 내용과 맞는 그림을 골라 봅시다. (ⓐ ⓑ ⓒ로 표기)

①    ②    ③

2 다음 그림을 보면서 대화를 해 봅시다.

①  より  の 方が _____ です。

② 私は  より  の 方が _____ です。

③  より  の 方が _____ です。

Track 32

3 다음 그림을 보면서 대화를 해 봅시다.

①
多い

　　A：北海道は　どんな　ところですか。
　　B：日本で　一番　雪が　＿＿＿＿＿＿　ところです。

②
あたたかい

　　A：済州道(チェジュド)は　どんな　ところですか。
　　B：韓国で　一番　冬が　＿＿＿＿＿＿　ところです。

4 다음을 듣고 밑줄 친 곳에 알맞은 말을 써 봅시다.

①

　　ニューヨークは　＿＿＿＿＿です。
　　ソウルは　＿＿＿＿＿です。

②

　　金さんの　かばんは　＿＿＿＿＿です。
　　中田さんの　かばんは　＿＿＿＿＿です。

③

　　この　とけいは　＿＿＿＿＿です。
　　あの　とけいは　＿＿＿＿＿です。

5 다음 문장을 읽고 질문에 맞는 답을 골라 봅시다.

韓国人は 日本語が むずかしく ありません。英語よりも 日本語の 方が やさしいです。でも 日本語の 試験は むずかしいです。きのうの 試験も 日本語が 一番 むずかしかったです。英語よりも 日本語の 方が もっと むずかしかったです。試験で 一番 むずかしいのは 日本語の 試験でした。

(1) 韓国人は 日本語が むずかしいですか。
　① はい、むずかしいです。
　② はい、むずかしく ありません。
　③ いいえ、むずかしいです。
　④ いいえ、むずかしく ありません。

(2) きのうの 試験は 英語と 日本語と どちらの 方が むずかしかったですか。
　① 日本語より 英語の 方が むずかしかったです。
　② 日本語より 英語の 方が やさしく ありませんでした。
　③ 英語より 日本語の 方が やさしかったです。
　④ 英語より 日本語の 方が むずかしかったです。

Track 33　ポイント　会話

1 형용 표현

日本語は
むずかしいですか。

はい、ちょっと
むずかしいです。

2 비교 표현

りんごより みかんの
方が おいしいですか。

いいえ、みかんより
りんごの 方が おいしいです。

🔲 クロスワード

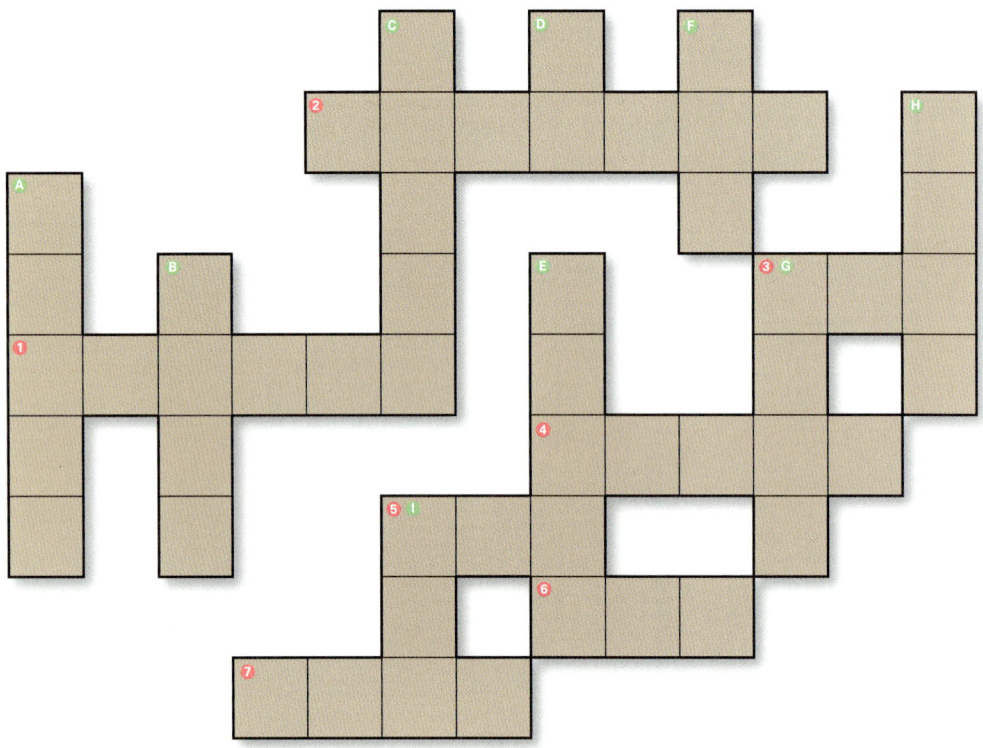

よこのかぎ (가로열쇠)
1. 생일
2. 실례입니다만
3. 안경
4. 소설
5. 장소
6. 얼마
7. 마실 것

たてのかぎ (세로열쇠)
A. 따뜻하다
B. 디지털 카메라
C. 월요일
D. 좋다
E. 재미있다
F. 싸다
G. 면접
H. 몇 년
I. 대단히, 매우

慣用句 (관용구)

慣用句란 일반적으로 두 개 이상의 단어가 결합되어 어떤 특정한 의미를 나타내는 표현을 말합니다. 여기서는 〈신체어휘〉와 〈형용사〉로 만들어진 관용구를 몇 가지 살펴봅시다.

- 顔が広い(얼굴이 넓다) : 아는 사람이 많다. 우리말의 '발이 넓다'에 해당한다.

- 目がない(눈이 없다) : 마음을 빼앗겨서 사리 분별이 없어지는 것. 그 정도로 아주 좋아하다.

- 口が固い(입이 딱딱하다) : 비밀 같은 것을 경솔하게 발설하지 않다.

- 手が長い(손이 길다) : 손버릇이 좋지 못하다. 도벽이 있다.

※ 기타 우리말에서도 사용되는 표현들

- 目が高い : 눈이 높다

- 鼻が高い : 코가 높다, 콧대가 높다, 우쭐해 하다

- 口が重い : 입이 무겁다, 말수가 적다, 과묵하다

- 口が軽い : 입이 가볍다

- 耳が遠い : 귀가 멀다, 잘 안 들린다

- 耳が早い : 귀가 빠르다, 소식이 빠르다

- 腹が黒い : 속이 검다, 마음속에 좋지 않은 일만 생각하고 있다

- 手がない : 손이 없다, 일손이 부족하다

- 手が早い : 손이 빠르다, 일처리가 빠르고 신속하다

- 足が重い : 발이 무겁다

10 私は テニスが 好きです

学習ポイント

1 りっぱな きょうぎじょうですね。
2 どんな スポーツが 好きですか。
3 テニスが 好きですが、あまり 上手では ありません。

単語 (Track 34)

りっぱだ 멋지다, 훌륭하다	きょうぎじょう 경기장
ソウルワールドカップスタジアム 서울 월드컵 스타디움	ここ 여기
交通(こうつう) 교통	便利だ(べんり) 편리하다
市内(しない) 시내	地下鉄(ちかてつ) 지하철
～で ～로(수단)	～ぐらい ～정도
スポーツ 스포츠	好きだ(す) 좋아하다
前(まえ) 이전, 앞	～が ～이지만, ～인데
あまり 그다지	上手だ(じょうず) 잘하다, 능숙하다
サッカー 축구	

高橋 : りっぱな きょうぎじょうですね。

朴 : あれは ソウルワールドカップスタジアムです。

高橋 : ここは 交通が 便利ですね。

朴 : はい、市内から 地下鉄で 15分ぐらいです。

高橋 : 朴さんは どんな スポーツが 好きですか。

朴 : 私は テニスが 好きですが、あまり 上手では ありません。高橋さんは。

高橋 : 私も 前は テニスが 好きでしたが、今は サッカーの 方が 好きです。

- 立派だ(りっぱだ) 멋지다, 훌륭하다
- 便利だ(べんりだ) 편리하다
- 競技場(きょうぎじょう) 경기장
- 上手だ(じょうずだ) 잘하다, 능숙하다

01 (な형용사 어간)です ~합니다

예) 交通が 不便です。
この 部屋は たいへん しずかです。
中村さんは いつも 元気です。

02 (な형용사 어간)では ありません／じゃ ありません
~(하)지 않습니다

예) 野球が 好きですが、あまり 上手では ありません。
私は パンが 好きじゃ ありません。
あの 店員は しんせつじゃ ありません。

03 (な형용사 어간)な 명사 수식

예) りっぱな としょかんですね。
新宿は たいへん にぎやかな 繁華街です。
きれいな 花ですね。

새로 나온 단어

- ふべんだ(不便だ) 불편하다
- しずかだ(静かだ) 조용하다
- やきゅう(野球) 야구
- としょかん(図書館) 도서관
- きれいだ 예쁘다, 깨끗하다
- へや(部屋) 방
- いつも 항상
- パン 빵
- にぎやかだ 활기차다
- はな(花) 꽃
- たいへん 몹시, 대단히
- げんきだ(元気だ) 건강하다
- しんせつだ(親切だ) 친절하다
- はんかがい(繁華街) 번화가

04 〜が 好きです　〜을(를) 좋아합니다

예) A : どんな 花が 好きですか。
　　B : 私は ばらが いちばん 好きです。

　　A : どんな くだものが 好きですか。
　　B : 私は みかんが 好きです。

〜が 〜(な형용사)だ

- 〜が 好きだ(〜을 좋아하다)
  私は りんごが 好きです。

- 〜が 上手だ(〜을 잘하다)
  私は テニスが 上手です。

- 〜が 得意だ(〜을 잘하다)
  私は 日本語が 得意です。

- 〜が きらいだ(〜을 싫어하다)
  私は りんごが きらいです。

- 〜が 下手だ(〜을 잘 못하다)
  私は テニスが 下手です。

- 〜が 苦手だ(〜을 잘 못하다)
  私は 日本語が 苦手です。

05 〜(です)が　〜이지만, 〜인데

예) 私は テニスが 好きですが、あまり 上手では ありません。
　　ここは しずかですが、交通が 不便です。
　　日本語は むずかしいですが、おもしろいです。

□ ばら 장미　　　　　　　　□ くだもの(果物) 과일

1 다음을 듣고 내용과 맞는 그림을 골라 봅시다. (ⓐ ⓑ ⓒ로 표기)

① 　② 　③

2 다음 그림을 보면서 대화를 해 봅시다.

①
にぎやかだ

A：新村（シンチョン）は　しずかですか。
B：いいえ、＿＿＿＿＿＿＿＿。にぎやかです。

②
不便だ

A：この　電子てちょうは　便利ですか。
B：いいえ、＿＿＿＿＿＿＿＿。不便です。

③
下手だ

A：中村さんは　野球が　上手ですか。
B：いいえ、＿＿＿＿＿＿＿＿。下手です。

3 다음을 듣고 밑줄 친 곳에 알맞은 말을 써 봅시다.

①

_____人

②

_____医者(いしゃ)

③

サッカーが _____ 朴さん

4 다음 문장을 읽고 질문에 맞는 답을 골라 봅시다.

> 明洞(ミョンドン)は いつも 人が 多いです。ソウルで 一番 にぎやかな 繁華街です。交通も 便利です。でも 私は あまり 明洞が 好きでは ありません。前は にぎやかな ところが 好きでしたが、今は しずかな ところが 好きです。私が 一番 好きな ところは としょかんです。

(1) 명동에 대한 설명으로 틀린 것은?
　① 交通が 便利です。
　② いつも 人が 多いです。
　③ 私が 一番 好きな ところです。
　④ ソウルで 一番 にぎやかな 繁華街です。

(2) この 人は どんな ところが 好きですか。
　① しずかな ところ
　② 人が 多い ところ
　③ にぎやかな ところ
　④ 交通が 便利な ところ

Track 37 ポイント 会話

1 형용 표현

明洞は たいへん にぎやかな 繁華街ですね。

はい、いつも 人が 多いです。

2 기호 표현

どんな スポーツが 好きですか。

私は 野球が 好きです。

🟧 월·일·시간·분 읽기

	～月	～日	～時	～分
1(一) いち	いちがつ	ついたち	いちじ	いっぷん
2(二) に	にがつ	ふつか	にじ	にふん
3(三) さん	さんがつ	みっか	さんじ	さんぷん
4(四) し・よん	しがつ	よっか	よじ	よんぷん
5(五) ご	ごがつ	いつか	ごじ	ごふん
6(六) ろく	ろくがつ	むいか	ろくじ	ろっぷん
7(七) しち・なな	しちがつ	なのか	しちじ	ななふん
8(八) はち	はちがつ	ようか	はちじ	はっぷん
9(九) きゅう・く	くがつ	ここのか	くじ	きゅうふん
10(十) じゅう	じゅうがつ	とおか	じゅうじ	じゅっぷん
11(十一) じゅういち	じゅういちがつ	じゅういちにち	じゅういちじ	じゅういっぷん
12(十二) じゅうに	じゅうにがつ	じゅうににち	じゅうにじ	じゅうにふん

🟧 시간의 흐름을 나타내는 표현

그저께	어제	**오늘**	내일	모레
おととい 一昨日	きのう 昨日	きょう **今日**	あした 明日	あさって 明後日

지지난주	지난주	**이번 주**	다음 주	다다음 주
せんせんしゅう 先々週	せんしゅう 先週	こんしゅう **今週**	らいしゅう 来週	さらいしゅう 再来週

지지난달	지난달	**이번 달**	다음 달	다다음 달
せんせんげつ 先々月	せんげつ 先月	こんげつ **今月**	らいげつ 来月	さらいげつ 再来月

재작년	작년	**올해**	내년	내후년
おととし 一昨年	きょねん さくねん 去年・昨年	ことし **今年**	らいねん 来年	さらいねん 再来年

🔸 い형용사 모음

暖かい 따뜻하다 ↔ 涼しい 시원하다

重い 무겁다 ↔ 軽い 가볍다

熱い 뜨겁다 ↔ 冷たい 차다

狭い 좁다 ↔ 広い 넓다

多い 많다 ↔ 少ない 적다

太い 굵다 ↔ 細い 가늘다

いい(良い) 좋다 ↔ 悪い 나쁘다

強い 강하다 ↔ 弱い 약하다

長い 길다 ↔ 短い 짧다

近い 가깝다 ↔ 遠い 멀다

🔸 な형용사 모음

はでだ 화려하다   すてきだ 멋있다
まじめだ 성실하다   正直だ 정직하다
幸せだ 행복하다   心配だ 걱정이다
有名だ 유명하다   大事だ 소중하다
大切だ 중요하다   盛んだ 번성하다

白い 희다
黒い 검다
赤い 빨갛다
青い 파랗다
黄色い 노랗다

11 この 近_{ちか}くに 病院_{びょういん}は ありますか

学習ポイント

1 病院は ありますか。
2 위치 표현
3 4階建ての 建物ですね。

単語   Track 38

すみませんが 미안합니다만 	近く 근처 
～に ～에(장소)	病院 병원 
あります(か) 있습니다(까) 	どこ 어디
あそこ 저기	白い 희다 
建物 건물 	横 옆 
右側 오른쪽 	～階建て ～층짜리

Track 39

会話

加藤：すみませんが、この 近くに 病院は ありますか。

中田：ええ、あります。

加藤：どこですか。

中田：あそこに 白い 建物が ありますね。

加藤：はい。

中田：その 白い 建物の 横です。

加藤：あの 右側の 4階建ての 建物ですね。

中田：はい、そうです。

- 病院(びょういん) 병원
- 建物(たてもの) 건물
- 横(よこ) 옆

01 　～に あります／ありません　　～에 있습니다/없습니다

예　デパートは どこに ありますか。
　　郵便局(ゆうびんきょく)は どこに ありますか。

　　A：学校(がっこう)に 銀行は ありますか。
　　B：いいえ、学校に 銀行は ありません。

02 　위치 표현

예　レポートは つくえの 上(うえ)に あります。
　　講義室(こうぎしつ)は 食堂(しょくどう)の となりですか。

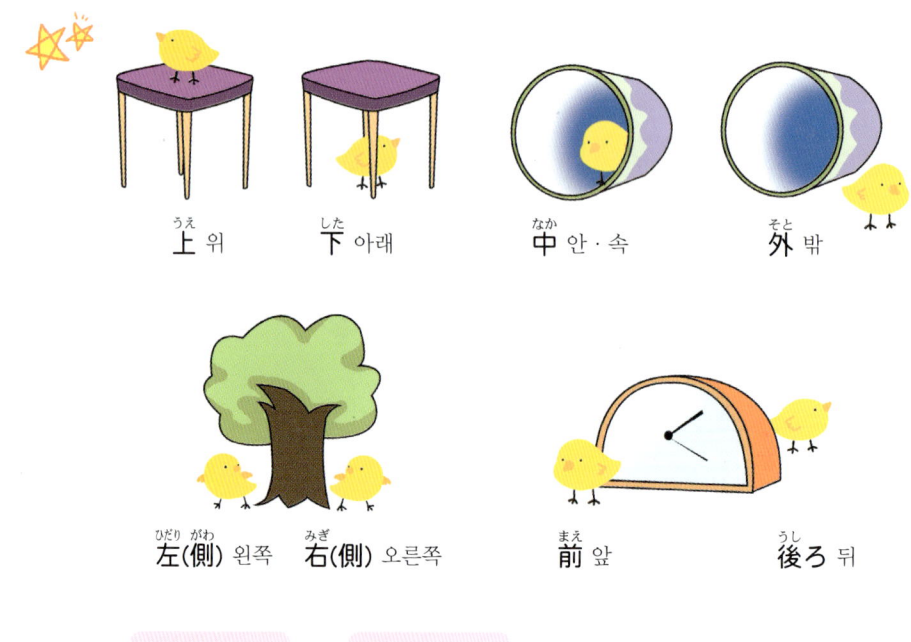

上 위　　下 아래　　中 안·속　　外 밖

左(側)(ひだりがわ) 왼쪽　右(側)(みぎ) 오른쪽　　前(まえ) 앞　　後ろ(うしろ) 뒤

となり 옆　　そば 곁, 옆

03 〜は どこですか 〜는 어디입니까?

예) 食堂は どこですか。
　　くすり屋は どこですか。
　　駅は どこですか。

04 〜建て 〜층(짜리) 건물

예) A : 金さんの 家は どこですか。
　　B : あの 10階建ての マンションの うしろです。
　　A : 中村さんの 事務所は どこに ありますか。
　　B : あの 5階建ての ビルに あります。

새로 나온 단어

- デパート 백화점
- レポート 리포트
- しょくどう(食堂) 식당
- いえ(家) 집
- ビル 건물, 빌딩
- ゆうびんきょく(郵便局) 우체국
- つくえ(机) 책상
- くすりや(薬屋) 약국
- マンション 맨션
- がっこう(学校) 학교
- こうぎしつ(講義室) 강의실
- えき(駅) 역
- じむしょ(事務所) 사무실

1 다음을 듣고 내용과 맞는 것에는 O, 틀린 것에는 X를 해 봅시다.

①

②

③

④

2 다음 그림을 보면서 대화를 해 봅시다.

①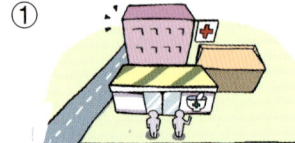

A : すみませんが、病院は どこに ありますか。
B : くすり屋の _____。

②

A : すみません。講義室は どこですか。
B : あの 建物の _____。

3 다음을 듣고 서로 맞는 것을 연결해 봅시다.

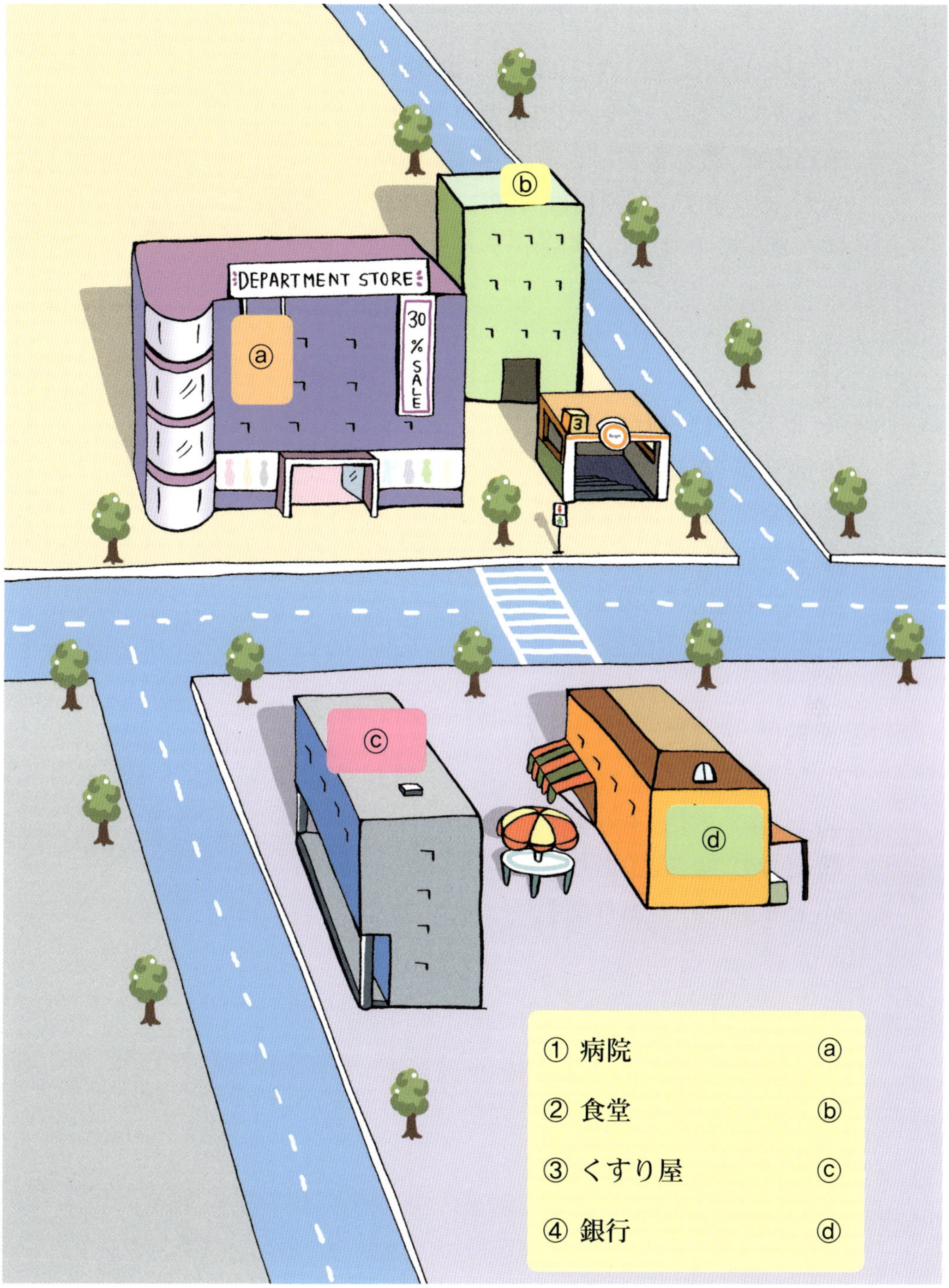

Track 40

① 病院　　　　　ⓐ

② 食堂　　　　　ⓑ

③ くすり屋　　　ⓒ

④ 銀行　　　　　ⓓ

4 다음 문장을 읽고 질문에 맞는 답을 골라 봅시다.

ここは ビルの 中です。5階建ての 白い ビルです。この ビルの 中に 田中さんの 事務所が あります。ビルの 中に 郵便局も あります。郵便局は 2階に あります。ビルの 右側には 病院が あります。

(1) ビルの 中に 何が ありますか。
　① 食堂が あります。
　② 病院が あります。
　③ 郵便局が あります。
　④ くすり屋が あります。

(2) 病院は どこに ありますか。
　① ビルの 前に あります。
　② ビルの 右に あります。
　③ ビルの 後ろに あります。
　④ ビルの 中に あります。

Track 41 | ポイント 会話

1 존재 표현(사물)

宮本さんの 家は どこに ありますか。

東京の 新宿に あります。

2 위치 표현

レポートは どこに ありますか。

私の つくえの 上です。

12 兄は今 どこに いますか

学習ポイント

1 兄は 今 どこに いますか。
2 가족 호칭
3 조수사 읽기

単語 Track 42

弟 남동생

います 있습니다

〜階 〜층

トイレ 화장실

男性用 남성용

兄 형, 오빠

休憩室 휴게실

会議室 회의실

男性 남자, 남성

中田 : 私は 中田の 弟ですが、兄は 今 どこに いますか。

金 : 中田さんの 弟さんですか。

　　　中田さんは 今 休憩室に います。

中田 : 休憩室は どこですか。

金 : 3階です。3階の 会議室の 前に あります。

中田 : 3階に トイレは ありますか。

金 : いいえ、男性の トイレは ありません。

中田 : 男性用は どこですか。

金 : 2階に あります。

- 弟(おとうと) 남동생
- 兄(あに) 형, 오빠
- 男性(だんせい) 남성

01 ～に います／いません ～에 있습니다/없습니다

예) 妹は 今 どこに いますか。

A：中村さんは ここに いますか。

B：いいえ、ここには いません。教室に います。

02 가족 호칭

	(자기)가족	(타인)가족
할아버지	そふ(祖父)	おじいさん(お祖父さん)
할머니	そぼ(祖母)	おばあさん(お祖母さん)
아버지	ちち(父)	おとうさん(お父さん)
어머니	はは(母)	おかあさん(お母さん)
누나/언니	あね(姉)	おねえさん(お姉さん)
오빠/형	あに(兄)	おにいさん(お兄さん)
남동생	おとうと(弟)	おとうとさん(弟さん)
여동생	いもうと(妹)	いもうとさん(妹さん)

예) A：高橋さんは お姉さんが いますか。

B：はい、私は 姉が 二人 います。

A：朴さんは 何人家族ですか。

B：父と母、妹の四人家族です。

03 조수사 (사람이나 물건 등을 셀 때 붙이는 말)

(〜人)	(1人) ひとり	(2人) ふたり	(3人) さんにん	(4人) よにん	〜	(何人) なんにん
(〜個)	(1個) いっこ	〜 (4個) よんこ	(5個) ごこ	〜 (8個) はっこ	〜 (10個) じゅっこ	〜 (何個) なんこ
(〜枚)	(1枚) いちまい	〜 (3枚) さんまい	〜 (6枚) ろくまい	〜 (9枚) きゅうまい	〜	(何枚) なんまい
(〜台)	(1台) いちだい	(2台) にだい	〜 (7台) ななだい	〜 (9台) きゅうだい	〜	(何台) なんだい
(〜本)	(1本) いっぽん	〜 (3本) さんぼん	〜 (6本) ろっぽん	〜 (8本) はっぽん	〜 (10本) じゅっぽん	〜 (何本) なんぼん
(〜冊)	(1冊) いっさつ	〜 (4冊) よんさつ	〜 (7冊) ななさつ	(8冊) はっさつ	〜	(何冊) なんさつ

- きょうしつ(教室) 교실
- なんにん(何人) 몇 명
- かぞく(家族) 가족

1 다음을 듣고 내용과 맞는 것을 골라 봅시다. (V 표시)

① ⓐ 先生は 教室に います。　　　ⓑ 先生は 教室に いません。

② ⓐ さいふは かばんに あります。　　　ⓑ さいふは かばんに ありません。

③ ⓐ 弟は 家に います。　　　ⓑ 弟は 家に いません。

④ ⓐ お兄さんは 病院に います。　　　ⓑ お兄さんは 病院に いません。

2 다음 그림을 보면서 대화를 해 봅시다.

(1)

① A：朴さんは どこに いますか。
　　B：駅の ＿＿＿＿＿＿に います。

② A：けいたいは どこに ありますか。
　　B：つくえの ＿＿＿＿＿＿に あります。

(2)

① A：教室に 人は 何人 いますか。
　　B：＿＿＿＿＿＿ います。

② A：何人家族ですか。
　　B：＿＿＿＿＿＿家族です。

3 다음 대화를 듣고 질문에 대한 답을 골라 봅시다.

(1) 가족 구성원으로 맞는 것은 무엇입니까?

① 祖母　父　母　私　兄
② 祖母　父　母　私　妹
③ 祖母　父　母　私　弟
④ 祖母　父　母　私　姉

(2) ⓐ는 누구입니까?

① 兄
② 私
③ 弟
④ 姉

4 다음 문장을 읽고 질문에 맞는 답을 골라 봅시다.

教室は 3階に あります。3階の 会議室の となりです。教室に 学生が 4人 います。先生は 教室に いません。先生は 休憩室に います。休憩室は 教室の 前に あります。3階に トイレは ありません。トイレは 2階に あります。

(1) 教室に 学生は 何人 いますか。
　① 1人 います。
　② 2人 います。
　③ 3人 います。
　④ 4人 います。

(2) 先生は どこに いますか。
　① 教室に います。
　② 休憩室に います。
　③ 会議室に います。
　④ トイレに います。

Track 45 ポイント 会話

1 존재 표현(사람 또는 동물)

朴さんは いま 教室に いますか。

いいえ、教室には いません。
図書館(としょかん)に います。

2 가족 호칭

高橋さんは 妹さんが いますか。

はい、私は 妹が 3人 います。

クロスワード

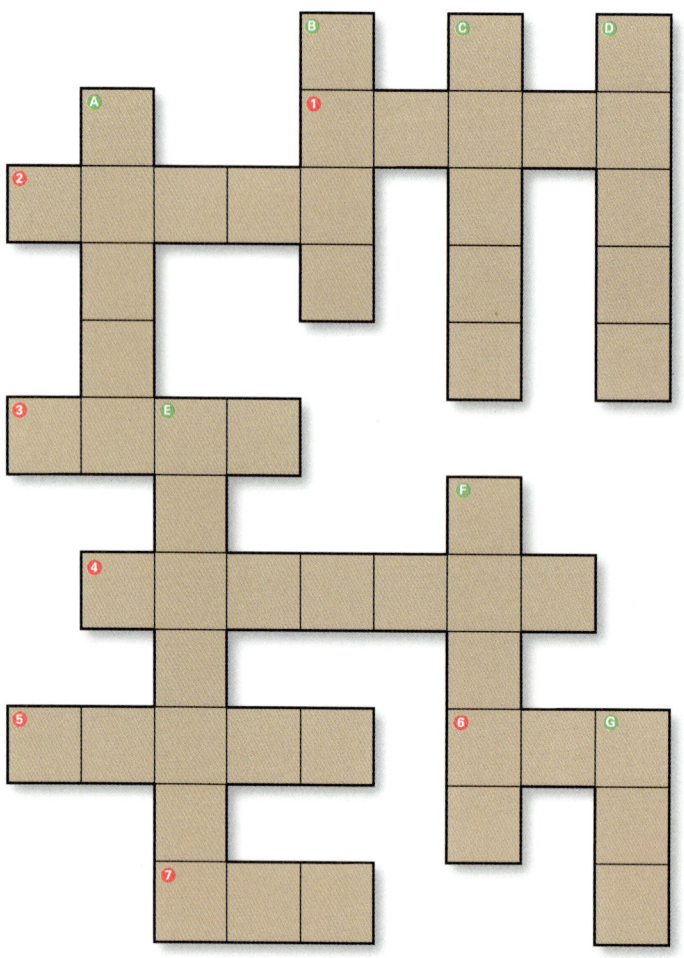

よこのかぎ (가로열쇠)
1. 도서관
2. 식당
3. 건강하다
4. 우체국
5. 할아버지
6. 하얗다
7. 책상

たてのかぎ (세로열쇠)
A. 병원
B. 남동생
C. 잘하다, 능숙하다
D. 번화가
E. 휴게실
F. 교실
G. 항상

楽しい数字読み (즐거운 숫자 읽기)

휴대폰 전화번호, 집 전화번호, 자동차 번호, 통장 비밀번호 등 현대를 살아가는 우리들에게 숫자는 없어서는 안 되는 중요한 문자입니다. 날짜 말하기, 시간 정하기, 돈 셈하기 등 일본어 활용에 있어서도 숫자는 필수적이지만, 처음 일본어를 공부할 때는 참 외우기 힘들죠. 여기에서는 숫자 읽기 연습 삼아 숫자에 담긴 여러 가지 의미를 살펴보도록 하겠습니다.

■ 전화번호로 보는 업종 분류

- 온천에 잘 쓰이는 전화번호 **4126** (良い風呂: **よ**ん**い**ちふたつ**ろ**く: 좋은 목욕)
- 치과에 잘 쓰이는 전화번호 **6874** (虫歯なし: **む**っつはちななよん: 충치 없음)
- 신발 가게에 잘 쓰이는 전화번호 **4989** (良くはく: **よ**ん**く**はち**く**: 잘 신는다)
- 입시 학원에 잘 쓰이는 전화번호 **3759** (みな合格: **み**っつな**ご**く: 모두 합격)

■ 숫자로 보내는 메시지

【0840】おはよう (「おはようございます。」 안녕하세요?)

【4649】よろしく (「よろしくおねがいします。」 잘 부탁합니다.)

【5960】こくろう (「こくろうさまでした。」 수고했어요.)

【3739】みなサンキュウ (「みんなありがとうございます。」 모두 고마워요.)

13 　毎朝 何時に 起きますか

学習ポイント

1. 何時に 起きますか。
2. ほとんど 食べません。
3. 地下鉄は 速いし、安いし、便利です。

単語　Track 46

毎朝 매일 아침 	〜に 〜에(시간)
起きる 일어나다	たいてい 대체로, 대개
〜ごろ 〜경 	朝ご飯 아침밥 
食べる 먹다 	ほとんど 거의
授業 수업	朝 아침 
早い (시간 등이) 이르다, 빠르다 	その前 그 전에 
勉強 공부 	〜を 〜을(를)
する 하다	行く 가다
速い (속도 등이) 빠르다 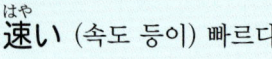 	〜し 〜하고

朴　　：高橋さんは　毎朝、何時に　起きますか。

高橋　：たいてい　6時　半ごろ　起きます。

朴　　：朝ご飯は　食べますか。

高橋　：いいえ、ほとんど　食べません。

朴　　：授業は　朝　早いですか。

高橋　：いいえ、授業は　9時からですが、その前に　毎日　英語の
　　　　勉強を　します。

朴　　：じゃ、学校まで　何で　行きますか。

高橋　：地下鉄で　行きます。地下鉄は　速いし、安いし、便利です。

- 早い(はやい) (시간 등이) 빠르다
- 速い(はやい) (속력 등이) 빠르다
- 勉強(べんきょう) 공부

01 (동사) ～ます(か)　～(ㅂ)니다/(ㅂ)니까?

예) 小説を 読みます。

　　毎朝 ニュースを 見ます。
　　今日 友だちに 電話を します。

동사의 ます형

	기본형(사전형)		ます형
1그룹동사 (5단동사)	飲む(마시다)	→	飲みます(마십니다)
	聞く(듣다)	→	聞きます(듣습니다)
	買う(사다)	→	買います(삽니다)
2그룹동사 (1단동사)	見る(보다)	→	見ます(봅니다)
	寝る(자다)	→	寝ます(잡니다)
3그룹동사 (불규칙동사)	する(하다)	→	します(합니다)
	来る(오다)	→	来ます(옵니다)

02 (동사) ～ません　～(하)지 않습니다

예) コーヒーは 飲みません。
　　音楽は ほとんど 聞きません。
　　日曜日は 勉強を しません。

새로 나온 단어

- よむ(読む) 읽다
- ともだち(友だち) 친구
- おんがく(音楽) 음악
- ニュース 뉴스
- でんわ(電話) 전화
- きく(聞く) 듣다
- みる(見る) 보다
- のむ(飲む) 마시다

文法

03 〜に　〜에(시간, 장소)

예
毎日　12時に　寝ます。
この　ビルの　中に　食堂が　あります。
何時に　会社に　行きますか。

04 〜で　〜으로(수단, 방법)

예
バスで　行きます。
飛行機で　日本に　行きます。
日本語で　教えます。

05 〜し　〜し　〜(하)고 〜(하)고

예
この　本は　内容も　いいし、文章も　きれいです。
この　店の　ケーキは　安いし、大きいし、とても　おいしいです。
金さんは　日本語が　上手だし、きれいだし、親切な　人です。

새로 나온 단어

- ねる(寝る) 자다
- ひこうき(飛行機) 비행기
- ぶんしょう(文章) 문장
- かいしゃ(会社) 회사
- おしえる(教える) 가르치다
- みせ(店) 가게
- バス 버스
- ないよう(内容) 내용
- ケーキ 케이크

1 다음을 듣고 내용과 맞는 그림을 골라 봅시다. (ⓐ ⓑ ⓒ ⓓ로 표기)

①

②

③

④

2 다음 그림을 보면서 대화를 해 봅시다.

①

寝る

A：中田さんは 何時ごろ ＿＿＿＿＿＿＿＿＿＿。
B：私は 12時に ＿＿＿＿＿＿＿＿＿＿＿＿。

②

安い・便利だ

A：この ノートパソコンは いかがですか。
B：はい、この ノートパソコンは

＿＿＿＿＿＿＿＿＿＿＿＿＿＿＿＿＿＿＿。

Track 48

3 다음 대화를 듣고 각 그림마다 주어진 동사를 활용하여 써 봅시다.

6時 半に _____ (起きる)

朝ご飯を _____ (食べる)

日本語の 勉強を _____ (する)

会社まで バスで _____ (行く)

13 毎朝 何時に 起きますか

4 다음 문장을 읽고 질문에 맞는 답을 골라 봅시다.

私は 佐藤です。私は 朝 7時に 起きます。朝ご飯は 毎朝 食べます。たいてい 8時ごろ 食べます。授業は 10時から ありますが、その前に 毎日 英語の 勉強を します。学校まで 地下鉄で 行きます。

(1) 佐藤さんは 何時に 起きますか。
　① 6時 半に 起きます。
　② 7時に 起きます。
　③ 7時 半に 起きます。
　④ 8時に 起きます

(2) 佐藤さんは 8時ごろ 何を しますか。
　① 起きます。
　② 勉強を します。
　③ 朝ご飯を 食べます。
　④ 学校に 行きます。

Track 49　ポイント　会話

1 일상 습관 표현

2 형용 표현

14 レポートを もう 書きましたか

学習ポイント

1 レポートを もう 書きましたか。
2 うまく いきませんでした。
3 いっしょに レポートを 書きませんか。
4 図書館に 行きましょうか。

単語 Track 50

今週 이번 주 	もう 벌써
書く 쓰다 	～ましたか ～였습니까?
まだ 아직	この前 요전
うまく 잘 	～ませんでした ～(하)지 못했습니다
いっしょに 함께 	～ませんか ～(하)지 않겠습니까?
～ましょうか ～할까요? 	

124

中村 : 林さん、今週の レポートを もう 書きましたか。

林 : いいえ、まだです。中村さんは。

中村 : 私も まだです。この前の レポートは うまく いきませんでした。

林 : それじゃ、いっしょに レポートを 書きませんか。

中村 : いいですよ。

林 : 図書館に 行きましょうか。

中村 : いいえ、図書館より 私の 部屋は どうですか。

林 : ええ、いいですよ。

- 今週(こんしゅう) 이번 주
- 図書館(としょかん) 도서관
- 部屋(へや) 방

01 (동사의 ます형) ～ました(か) ～였습니다(였습니까?)

예) きのう デパートで 化粧品を 買いました。
漢字は 覚えましたか。
日曜日 会社に 行きましたか。

02 い형용사, な형용사의 부사형

(い형용사) ～く
(な형용사) ～に

예) この前の レポートは うまく いきませんでした。
早く 行きます。
しずかに しましょう。

03 (동사의 ます형) ～ませんでした(か)
～(하)지 못했습니다(못했습니까?)

예) 春の 写真展示会は やりませんでした。
あの 歌手の 歌は 聞きませんでした。
先週、加藤さんとは 会いませんでしたか。

04 (동사의 ます형) ～ませんか ～(하)지 않겠습니까?

예) いっしょに 野球を しませんか。
帰(かえ)りに 映画を 見ませんか。
お酒(さけ)でも 飲みませんか。

05 (동사의 ます형) ～ましょう(か) ～합시다(할까요?)

예) 図書館に 行きましょうか。
A : ここで すこし 休(やす)みましょうか。
B : ええ、そうしましょう。

새로 나온 단어

- けしょうひん(化粧品) 화장품
- おぼえる(覚える) 기억하다
- やる 하다
- あう(会う) 만나다
- ～でも ～이라도
- かう(買う) 사다
- しゃしん(写真) 사진
- かしゅ(歌手) 가수
- かえり(帰り) 집에 가는 길
- すこし(少し) 조금
- かんじ(漢字) 한자
- てんじかい(展示会) 전시회
- うた(歌) 노래
- おさけ(お酒) 술
- やすむ(休む) 쉬다

1 다음을 듣고 내용과 맞는 것을 골라 봅시다. (V 표시)

(1) ① 高橋さんは あした サッカーを します。
　　② 高橋さんは あした サッカーを しません。
　　③ 高橋さんは あした サッカーを しました。

(2) ① 来週の 日曜日 映画を みます。
　　② 来週の 日曜日 映画を みません。
　　③ 来週の 日曜日 映画を みましょう。

(3) ① 金さんは 冬休みに アルバイトを します。
　　② 金さんは 冬休みに アルバイトを しません。
　　③ 金さんは 冬休みに アルバイトを しましょう。

2 다음 그림을 보면서 대화를 해 봅시다.

①

A：加藤さんは 韓国に いますか。
B：いいえ、もう 日本へ ＿＿＿＿＿＿＿＿＿＿＿＿。

②

A：中田さんの 写真展示会に 行きましたか。
B：いいえ、＿＿＿＿＿＿＿＿＿＿＿＿。

③

A：私、今週の 土曜日は 休みです。
　　いっしょに 旅行でも 行きませんか。
B：ええ、＿＿＿＿＿＿＿＿＿＿＿＿。

3 다음을 듣고 내용과 맞는 그림을 골라 동작이 이루어진 때를 써 봅시다.
(ⓐ ⓑ ⓒ로 표기)

① _____

② _____

③ _____

4 다음 문장을 읽고 질문에 맞는 답을 골라 봅시다.

きのうは 図書館で レポートを 書きました。
勉強も しました。きょうは レポートを 全部
書きました。勉強は しませんでした。帰りに
お酒を 飲みました。顔が 赤く なりました。

(1) きのうは 何を しましたか。
　① お酒を 飲みました。
　② 野球を しました。
　③ レポートを 書きました。
　④ 会社に 行きました。

(2) 帰りに 何を しましたか。
　① 図書館に 行きました。
　② 休みました。
　③ 映画を 見ました。
　④ お酒を 飲みました。

Track 53　ポイント　会話

1 권유 표현

2 의향 묻기

15 映画を 見に 行きませんか

学習ポイント

1 午前中は 忙しいですが。
2 映画を 見に 行きませんか。
3 アクション映画が 見たいです。

単語 Track 54

こんど 이번	しゅうまつ 週末 주말
じかん 時間 시간 	ちゅう 〜中 〜중
いそが 忙しい 바쁘다 	だいじょうぶだ 괜찮다
み 見る 보다 	〜に 〜하러(목적)
ラブストーリー 러브스토리 	ちょっと… 조금(별로이다)
アクション 액션 	〜たい 〜(하)고 싶다 

中田 : こんどの 週末、時間 ありますか。

金 : 午前中は 忙しいですが。

中田 : 午後からは だいじょうぶですか。

金 : はい。

中田 : それじゃ、いっしょに 映画を 見に 行きませんか。

金 : どんな 映画ですか。

中田 : ラブストーリーです。

金 : ラブストーリは ちょっと…。

　　　私は ラブストーリーより アクション映画が 見たいです。

- 今度(こんど) 이번, 다음 번
- 週末(しゅうまつ) 주말
- 忙しい(いそがしい) 바쁘다
- 大丈夫だ(だいじょうぶだ) 괜찮다

01 ～中　～(하고 있는) 중, 동안

예) 午前中は　忙しいですが。
今は　会議中です。
授業中は　しずかに　しましょう。

02 ～に 行く　～(하)러 가다

예) オペラを　見に　行く。
取引先の　担当者に　会いに　行きます。
いなかへ　遊びに　行きませんか。

～に　会う　～(을)를 만나다

03 ～たい　～(하)고 싶다

예) 彼氏と　コンサートに　行きたい。
私は　フランス料理が　食べたいです。
海が　きれいな　ところで　住みたいです。

～が　～たい(○)　～(을)를 ～하고 싶다
～を　～たい(×)

새로 나온 단어

- オペラ 오페라
- いなか(田舎) 시골
- コンサート 콘서트
- うみ(海) 바다
- とりひきさき(取引先) 거래처
- あそぶ(遊ぶ) 놀다
- フランス 프랑스
- すむ(住む) 살다
- たんとうしゃ(担当者) 담당자
- かれし(彼氏) 애인, 남자 친구
- りょうり(料理) 요리

가타카나어 모음

サラダ 샐러드
スープ 스프 
ステーキ 스테이크 
ピザ 피자

コンピュータ(ー) 컴퓨터 
ダウンロードする 다운로드하다 
インストールする 인스톨하다 
チャット 채팅

ツアー 여행
ショッピング 쇼핑 
レジャー 레저 
テレビ 텔레비전

サポーター
후원자, 특정 팀을
응원하는 팬

1 다음을 듣고 내용과 맞는 그림을 골라 봅시다. (ⓐ ⓑ ⓒ ⓓ로 표기)

①

②

③

④

2 다음 그림을 보면서 대화를 해 봅시다.

① A：きょうは あたたかいですね。
　 B：そうですね。旅行にでも ＿＿＿＿＿＿ですね。

行く

② A：こんどの 土曜日は 会社が 休みです。
　 B：いいですね。どこか 行きますか。
　 A：うーん、そうですね。海で ＿＿＿＿＿＿ですね。

遊ぶ

③ A：昼休みに 何を 食べましょうか。
　 B：私は ピザが ＿＿＿＿＿＿です。

食べる

3 다음을 듣고 그림으로 표현한 단어를 가타카나로 써 봅시다.

① 私は  　　　　　 映画が 見たいです。

②  と  と どちらの 方が 好きですか。

③ 毎朝  を 見ます。

④ この  の 中に 病院が ありますか。

⑤ 会社まで  で 行きます。

⑥ もっと 高い  が ありますか。

4 다음 문장을 읽고 질문에 맞는 답을 골라 봅시다.

今週の 土曜日は 忙しいですが、日曜日は 時間が あります。私は 映画が とても 好きです。おもしろい 映画が 見たいです。日曜日に 彼氏と アクション映画を 見に 行きます。午後には フランス料理が 食べたいです。

(1) 日曜日に 何を しに 行きますか。
　① 勉強しに 行きます。
　② お酒を 飲みに 行きます。
　③ 映画を 見に 行きます。
　④ サッカーを しに 行きます。

(2) 午後には 何が したいですか。
　① お酒が 飲みたいです。
　② コンサートに 行きたいです。
　③ デパートに 行きたいです。
　④ フランス料理が 食べたいです。

Track 57 ポイント会話

1 권유 표현

こんどの 週末 オペラでも 見に 行きませんか。

すみません。
こんどの 週末は ちょっと。

2 희망・의향 표현

中村さん、今年の
誕生日(たんじょうび)は 何が したいですか。

うーん、そうですね。おいしい 料理も 食べたいし、
彼氏と コンサートにも 行きたいです。

クロスワード

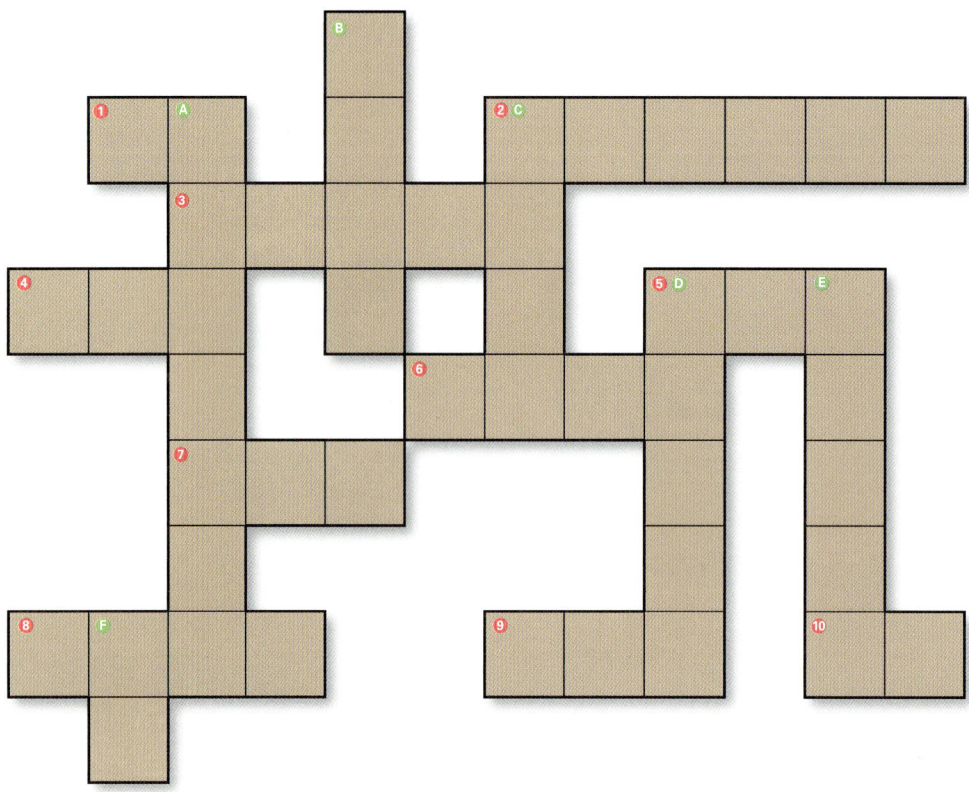

よこのかぎ (가로열쇠)
1. 아직
2. 담당자
3. 바쁘다
4. 한자
5. 놀다
6. 매일 아침
7. 잘
8. 친구
9. 시간
10. 바다

たてのかぎ (세로열쇠)
A. 괜찮다
B. 음악
C. 대개
D. 아침밥
E. 문장
F. 이미

韓国と日本の漢字語 (한국과 일본의 한자어)

한국어에도 일본어에도 한자어가 많이 사용되고 있습니다. 두 언어 모두 한자어가 전체 어휘에서 차지하는 비율은 60%나 된다고 하네요. 「学校」「会社」「雑誌」등과 같이 대부분의 한자어들은 한국과 일본에서 공통적으로 사용되고 있습니다.

하지만 한국어에서 쓰이는 한자어가 모두 일본어에서 사용되는 것은 아닙니다. 어떤 한자어들은 같은 한자라도 서로 쓰이는 의미가 다르기도 하고, 또 어떤 한자어들은 한국에서만 쓰이거나 반대로 일본에서만 쓰이는 한자어도 있습니다. 일본 한자어 단어 학습에서 주의해야 하는 서로 다른 한자어들을 비교해 봅시다.

■ 서로 다른 한자어를 사용하는 경우

단어	한(韓)	일(日)
편지	便紙	手紙(てがみ)
거래	去來	取引(とりひき)
남편	男便	夫(おっと)、主人(しゅじん)
전당포	典當鋪	質屋(しちや)
칠판	漆板	黒板(こくばん)
반지	斑指	指輪(ゆびわ)
지갑	紙匣	財布(さいふ)
방석	方席	座布団(ざぶとん)

■ 같은 한자어지만 서로 의미가 다른 경우

한자어	한(韓)	일(日)
愛人(あいじん)	애인	정부
工夫(くふう)	공부	아이디어를 내다
大丈夫(だいじょうぶ)	사내대장부	괜찮다

가족 호칭

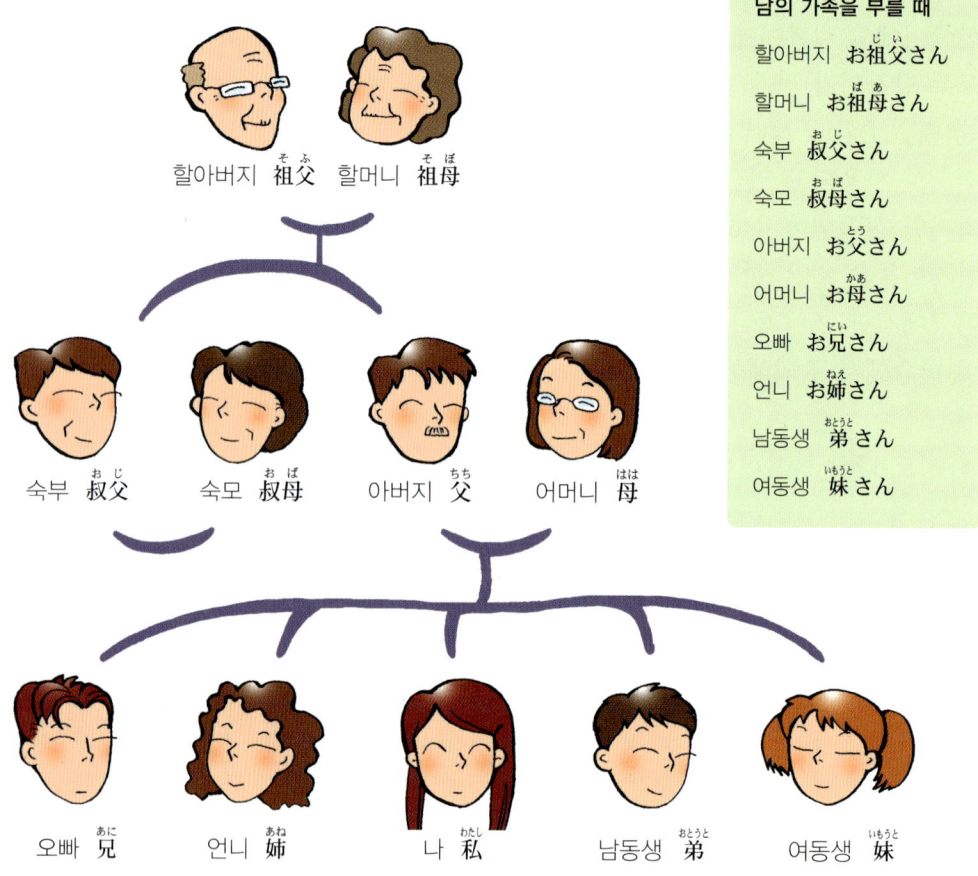

남의 가족을 부를 때
할아버지 お祖父さん
할머니 お祖母さん
숙부 叔父さん
숙모 叔母さん
아버지 お父さん
어머니 お母さん
오빠 お兄さん
언니 お姉さん
남동생 弟さん
여동생 妹さん

남의 가족을 부를 때   남편 ご主人   아내 奥さん   딸 娘さん   아들 息子さん

🏢 건물 이름

実力アップ

100円ショップ 100엔 가게

交番(こうばん) 파출소

花屋(はなや) 꽃집

図書館(としょかん) 도서관

郵便局(ゆうびんきょく) 우체국

駅(えき) 역

八百屋(やおや) 야채가게

くすり屋(や) 약국

ビル 빌딩

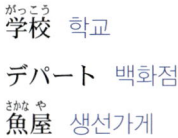
学校(がっこう) 학교
デパート 백화점
魚屋(さかなや) 생선가게

銀行(ぎんこう) 은행

トイレ 화장실

病院(びょういん) 병원
パン屋(や) 빵집

本屋(ほんや) 책방

16 一度 食べて ください

学習ポイント

1 韓国に 来て 何年に なりますか。
2 辛くて まだ だめです。
3 一度 食べて ください。

単語 Track 58

来る 오다

～に なる ～이(가) 되다

キムチ 김치

辛い 맵다

一度 한 번

主に 주로

シャワー 샤워

それから 그리고 나서

健康的だ 건강에 신경 쓰다

～て ～(하)고, ～(해)서

半年 반년

慣れる 익숙하다

だめだ 안 되다

～て ください ～해 주십시오

ジョギング 조깅

あびる (샤워 등을) 하다

ゆっくり 편안히

金　：中村さんは　韓国に　来て　何年に　なりますか。

中村：半年です。

金　：キムチには　もう　慣れましたか。

中村：いいえ、辛くて　まだ　だめです。

金　：辛く　ない　キムチも　ありますよ。一度　食べて　ください。

中村：はい、そうします。

金　：日曜日は　主に　何を　しますか。

中村：朝　ジョギングを　して、シャワーを　あびて、

　　　それから　ゆっくり　休みます。

金　：健康的ですね。

・慣れる(なれる) 익숙하다　　・辛い(からい) 맵다, 짜다　　・健康(けんこう) 건강

01 (동사) ～て(で)　～(하)고, ～(해)서

예) 朝 起きて 顔を 洗います。

テニスを して つかれました。

	기본형		て형	ます형
1그룹동사 (5단동사)	洗う(씻다) 立つ(서다) 終わる(끝나다)	→ → →	洗って(씻고, 씻어서) 立って(서고, 서서) 終わって(끝나고, 끝나서)	洗います(씻습니다) 立ちます(섭니다) 終わります(끝납니다)
	死ぬ(죽다) 呼ぶ(부르다) 読む(읽다)	→ → →	死んで(죽고, 죽어서) 呼んで(부르고, 불러서) 読んで(읽고, 읽어서)	死にます(죽습니다) 呼びます(부릅니다) 読みます(읽습니다)
	書く(쓰다) 泳ぐ(헤엄치다)	→ →	書いて(쓰고, 써서) 泳いで(헤엄치고, 헤엄쳐서)	書きます(씁니다) 泳ぎます(헤엄칩니다)
	※ 行く(가다) → 行って(가고, 가서) → 行きます(갑니다)			
	話す(이야기하다)	→	話して(이야기하고, 이야기해서)	話します(이야기합니다)
2그룹동사 (1단동사)	見る(보다) 食べる(먹다)	→ →	見て(보고, 봐서) 食べて(먹고, 먹어서)	見ます(봅니다) 食べます(먹습니다)
3그룹동사 (불규칙동사)	する(하다) 来る(오다)	→ →	して(하고, 해서) 来て(오고, 와서)	します(합니다) 来ます(옵니다)

02 (い형용사 어간) くて／(な형용사 어간) で　～(하)고, (해)서

예) 毎日 忙しくて たいへんです。

　　この 料理は 安くて おいしいです。

　　交通が 不便で よく ありません。

03　(い형용사 어간) く ない(명사)／
　　(な형용사 어간) では(じゃ) ない(명사)　～(하)지 않은 ～

例　高く ない デジカメも ありますか。
　　むずかしく ない しけんは ありません。
　　便利では(じゃ) ない 携帯(けいたい)は 要(い)りません。

04　(동사의 て형) ～て ください　～(해) 주십시오

例　一度 食べて ください。
　　いっしょうけんめい 勉強して ください。
　　必(かなら)ず 来て ください。

□ かお(顔) 얼굴　　　　□ あらう(洗う) 씻다　　　　　　　　　　□ つかれる 지치다
□ いる(要る) 필요하다　□ いっしょうけんめい(一生懸命) 열심히　□ かならず(必ず) 반드시

1 다음을 듣고 내용과 맞는 것에는 O, 틀린 것에는 X를 해 봅시다.

　① 　② 　③

2 다음 그림을 보면서 대화를 해 봅시다.

① _____ 小説は _____ 　
　おもしろい／読む

② _____ 携帯は _____ 。
便利だ／いる

　　　　　　　　　　　　　　　　　　　　　　高い／ある
③ _____ 化粧品も _____ 。

④ _____ 店員も _____ 。
親切だ／いる

3 다음 주어진 동사를 활용하여 말해 봅시다.

① 日本語で _____ ください。(話す)

② 早く _____ ください。(帰る)

③ 彼を _____ ください。(呼ぶ)

④ 朝 6時に _____ ください。(起きる)

4 다음은 나카무라 씨의 일과입니다. 내용을 잘 듣고 (　　) 안에 주어진 동사를 て(で)형으로 활용하여 써 봅시다.

きょうは 授業が _____ (終わる) に 会いました。友だちと

いっしょに を _____ (飲む) 映画を 見ました。それから

友だちの を _____ (呼ぶ) いっしょに 書店へ 行きました。

そこで を 何さつか 買いました。8時ごろ へ _____

(帰る)、いなかの 母に を _____ (する)、 を あび

ました。それから 雑誌を _____ (読む) 12時に 　　。

16 一度 食べて ください　**149**

5 다음 문장을 읽고 질문에 맞는 답을 골라 봅시다.

> 私は 韓国に 来て 1年に なります。韓国には 慣れましたが、キムチは 辛くて まだ だめです。私は 毎日 忙しくて たいへんです。日曜日は ゆっくり します。日曜日は 朝 起きて、ジョギングを して、朝ご飯を 食べます。午後からは ゆっくり 休みます。夜は お酒を 少し 飲んで、早く 寝ます。

(1) 朝 起きて 何を しますか。
　① 掃除を して、洗濯を します。
　② ジョギングを して、朝ご飯を 食べます。
　③ 宿題を して、テレビを 見ます。
　④ お酒を 飲んで、休みます。

(2) 夜は 何を しますか。
　① シャワーを あびて、早く 寝ます。
　② 勉強を して、早く 寝ます。
　③ 宿題を して、早く 寝ます。
　④ お酒を 飲んで、早く 寝ます。

Track 61 ポイント 会話

1 소요 시간 확인

日本語を 勉強して、何年に なりますか。

まだ 半年です。

2 동작의 연결

朴さんは 日曜日には 主に 何を しますか。

朝 ゆっくり 起きて、ご飯を 食べて、それから 友だちと 遊びに 行きます。

17 どこに 住んで いますか

学習ポイント

1. どこに 住んで いますか。
2. ノートパソコンを 使って います。
3. 10分ぐらい かかります。

単語 (Track 62)

～て(で) いる ～(하)고 있다(진행), ～어 있다(상태)

歩く 걷다

コンピュータ(ー) 컴퓨터

使う 사용하다

～でも ～에서도

メール 전자우편

近い 가깝다

かかる (시간, 거리 등이) 걸리다

持つ 갖다

自宅 자택

インターネット 인터넷

やりとり 주고 받기

会話

金^{キム} ：中田さんは 今 どこに 住んで いますか。

中田^{なかた}：新村に 住んで います。

金 ：会社から 近いですね。歩いて 何分ぐらいですか。

中田：10分ぐらい かかります。

金 ：コンピューターは 持って いますか。

中田：はい、ノートパソコンを 使って います。

金 ：自宅でも インターネットを して いますか。

中田：はい、いつも 友だちと メールの やりとりを して います。

- 歩く(あるく) 걷다
- 持つ(もつ) 갖다, 소지하다
- 使う(つかう) 사용하다

01 ～て(で) いる　～(하)고 있다 (진행)

예) コンピューターを 使って います。
本を 読んで います。
テレビを 見て います。

02 ～て(で) いる　～어 있다, ～해 있다 (상태)

예) さくらの 花が さいて います。
ゴキブリが 死んで います。
電気が ついて います。

03 ～て(で) いる　～해 있다, ～했다 (완료)

예) 私は 日本人ですが、韓国の 学校を 出て います。
A : 林さんは 来て いますか。
B : ええ、もう 先に 来て います。

04 ～（ぐらい）かかる (시간・거리 등이 ~정도) 걸리다

예 A：ソウルから 東京まで どの ぐらい かかりますか。
　　B：飛行機で 1時間 40分 ぐらい かかります。

　　メールを 使うのに いくら ぐらい かかりますか。

05 복합동사의 명사형

예 友だちと メールの やりとりを して います。
　　乗り換えは どの 駅ですか。
　　立ち読みは だめです。

새로 나온 단어

- テレビ 텔레비전
- ゴキブリ 바퀴벌레
- つく (전기 등이) 켜지다
- ～のに ~하는 데
- たちよみ(立ち読み) 책은 사지 않고 서서 읽음
- さくら(桜) 벚꽃
- しぬ(死ぬ) 죽다
- でる(出る) 나오다, 나가다
- のりかえ(乗り換え) 갈아탐, 환승
- さく (꽃 등이) 피다
- でんき(電気) 전기
- さきに(先に) 전에, 먼저

1 다음에 들려주는 문장이 해당하는 것을 골라 봅시다. (V 표시)

① 진행　　　　　　　　상태　　　　　　　　완료

② 진행　　　　　　　　상태　　　　　　　　완료

③ 진행　　　　　　　　상태　　　　　　　　완료

④ 진행　　　　　　　　상태　　　　　　　　완료

2 다음 그림을 보면서 대화를 해 봅시다.

① 　A：コンピューターは 持って いますか。
　　　B：はい、ノートパソコンを ＿＿＿＿＿＿＿＿＿＿。

使う

②  飲む
　　　A：朴さんは いま 何を して いますか。
　　　B：コーヒーを ＿＿＿＿＿＿＿＿＿＿。

③ 　A：先生は 何を して いますか。
　　　B：高橋さんと ＿＿＿＿＿＿＿＿＿＿。

話す

④  読む
　　　A：何を して いますか。
　　　B：本を ＿＿＿＿＿＿＿＿＿＿。

3 다음은 학교 휴게실입니다. 들려주는 내용에 해당하는 사람을 찾아 번호를 쓰고 설명을 완성해 봅시다.

① (　　)は コーヒーを ＿＿＿＿＿＿ います。

② (　　)は 音楽を ＿＿＿＿＿＿ います。

③ (　　)は パンを ＿＿＿＿＿＿ います。

④ (　　)は ノートパソコンを ＿＿＿＿＿＿ います。

⑤ (　　)は 先生と ＿＿＿＿＿＿ います。

4 다음 문장을 읽고 질문에 맞는 답을 골라 봅시다.

> 私は 新村に 住んで います。会社から 近くて 便利です。会社まで 地下鉄で 10分ぐらい かかります。自宅と 会社に コンピューターが あります。自宅では ノートパソコンを 使って います。いつも 友だちと メールの やりとりを して います。

(1) 自宅から 会社まで 何分ぐらい かかりますか。
　① 10分ぐらい かかります。
　② 20分ぐらい かかります。
　③ 30分ぐらい かかります。
　④ 40分ぐらい かかります。

(2) コンピューターで 何を して いますか。
　① チャットを して います。
　② 音楽を 聞いて います。
　③ メールの やりとりを して います。
　④ 勉強を して います。

Track 65 ポイント 会話

1 상태 표현

さくらの 花が たくさん さいて いますね。

ええ、ここは さくらの 花で 有名(ゆうめい)な ところです。

2 소요 시간(또는 거리)

家から 地下鉄の 駅まで 歩いて 何分ぐらいですか。

10分ぐらい かかります。

18 たばこを 吸っても いいですか

学習ポイント

1 ここで たばこを 吸っても いいですか。
2 ここで 吸っては こまりますが。
3 外に 出ても かまいませんか。
4 たばこを 吸ってから もどって ください。

単語 Track 66

あの 저어

吸う (담배를) 피우다

こまる 곤란하다

かまわない 상관없다

〜と 思う 〜라고 생각한다

〜て みる 〜해 보다

また 다시, 또

ミーティング 모임, 회합

わかる 알다, 이해하다

たばこ 담배

〜ても いいですか 〜해도 됩니까?

外 밖

きつえん室 흡연실

探す 찾다

〜てから 〜하고 나서

もどる 되돌아오다

〜から 〜이기 때문에

中田 ：あの、ここで たばこを 吸っても いいですか。

金　 ：ここで たばこを 吸っては こまりますが…。

中田 ：外に 出ても かまいませんか。

金　 ：ビルの 中に きつえん室が あると 思いますが。

中田 ：では、きつえん室を 探して みます。

金　 ：たばこを 吸ってから また ここに もどって くださいね。

　　　 3時から ミーティングですから。

中田 ：はい、わかりました。

・喫煙室(きつえんしつ) 흡연실 　・探す(さがす) 찾다 　・戻る(もどる) 되돌아오다

01 〜ても いいです(か)　〜해도 됩니다(됩니까?)

예) ここで たばこを 吸っても いいですか。
あそこで 車を とめても いいですか。
えんぴつで 書いても いいです。

02 〜ては こまります　〜(해)서는 곤란합니다

예) ここで およいでは こまる。
本屋さんで 立ち読みを しては こまります。
図書館の 中で 携帯を 使っては こまりますが。

03 〜ても かまいません(か)
〜해도 상관없습니다(상관없습니까?)

예) 仕事を 休んでも かまいませんか。
辞書を 見ても かまいません。
ドアを 開けても かまいませんか。

 새로 나온 단어

- くるま(車) 자동차
- ほんやさん(本屋さん) 서점, 책방
- あける(開ける) 열다
- とめる 멈추다
- しごと(仕事) 일, 업무
- およぐ(泳ぐ) 수영하다
- ドア 문

04 〜て みる　〜해 보다

예) きつえん室を 探して みます。
一度 日本へ 行って みたいです。
この 日本語の メールを ちょっと 読んで みて ください。

05 〜てから　〜하고 나서

예) 名前を 書いてから 入って ください。
駐車場に 車を とめてから 行きましょう。
みんなが 来てから 出発しましょう。

06 〜(です)から　〜이기 때문에

예) 時間は たくさん ありますよ。仕事が お休みですから。
セーターを 着て ください。ちょっと 寒いですから。
静かですから、この 図書館を 利用して います。

새로 나온 단어

- なまえ(名前) 이름
- みんな 모두
- セーター 스웨터
- はいる(入る) 들어가다
- しゅっぱつする(出発する) 출발하다
- きる(着る) 입다
- ちゅうしゃじょう(駐車場) 주차장
- たくさん 많이
- りようする(利用する) 이용하다

1 다음을 듣고 내용과 맞는 그림을 골라 봅시다. (ⓐ ⓑ ⓒ ⓓ로 표기)

①

②

③

④

2 보기 중에서 단어를 골라 적당한 형태로 활용하여 말해 봅시다.

보기 出発する　休む　とめる　開ける

① A：いつ _____ますか。
　 B：みんなが 来てから _____ます。

② A：マンションの 前で 車を _____ても いいですか。
　 B：いいえ、あちらの 駐車場を 利用して ください。

③ A：朴さん、どこかへ 行きますか。
　 B：いなかへ 行きます。あしたから _____ですから。

④ A：暑いですね。ドアを _____ても かまいませんか。
　 B：ええ、いいです。

3 다음 대화를 듣고 설명을 완성해 봅시다.

① 顔を _____から ご飯を 食べます。

② 音楽を _____から 寝ます。

③ シャワーを _____から テレビを 見ます。

4 다음 문장을 읽고 질문에 맞는 답을 골라 봅시다.

田中さん、会議室で たばこを 吸っては こまります。この 建物の 中に きつえん室は ありません。外に 出ても かまいませんが、たばこを 吸ってから 3時までに また もどって ください。3時から 重要な ミーティングが あります。コーヒーは 休憩室で 飲んで くださいね。

(1) 会議室で たばこを 吸っても いいですか。
　① たばこを 吸っても いいです。
　② たばこを 吸っても かまいません。
　③ たばこを 吸っては こまります。
　④ たばこを 吸って ください。

(2) 田中さんは たばこを 吸ってから 何を しますか。
　① 休みます。
　② 勉強を します。
　③ ミーティングを します。
　④ コンピューターを します。

Track 69 ポイント 会話

1 허가·허용 표현

ここに 車を とめても いいですか。

いいえ、あちらの 駐車場を 利用して ください。

2 이유 설명

ちょっと コンピューターを 使っても いいですか。

はい、こちらの コンピューターを 使って ください。
インターネットも できますから。

クロスワード

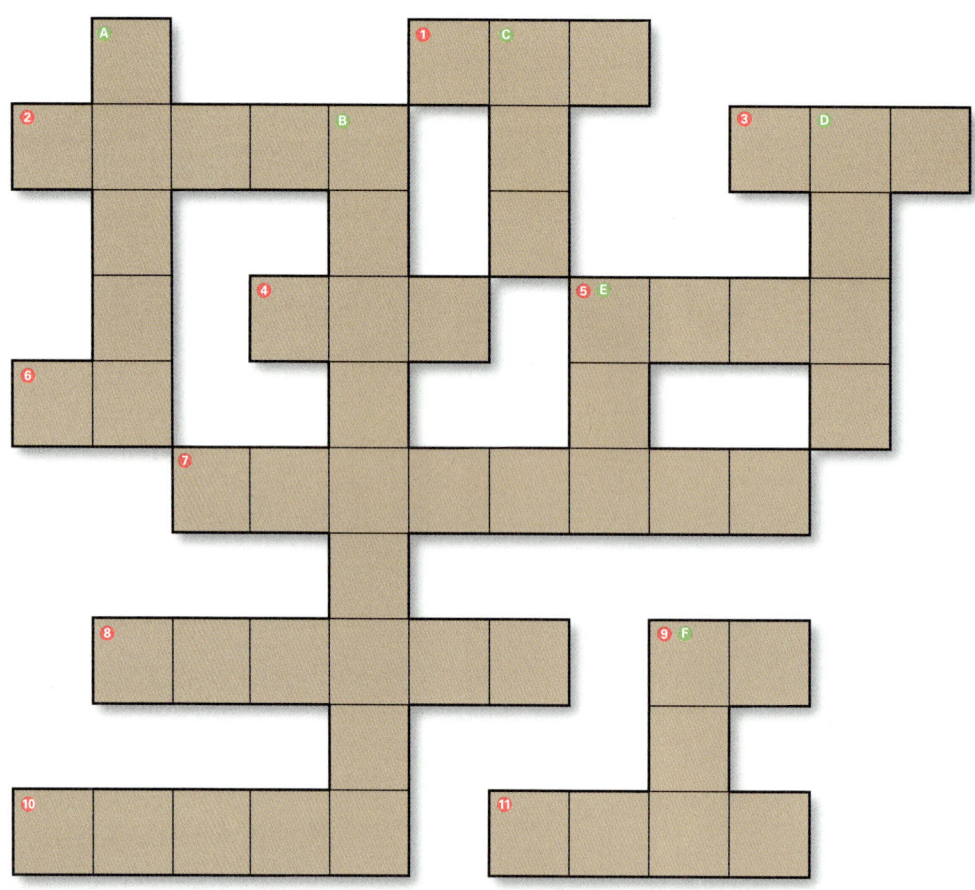

よこのかぎ (가로열쇠)

1. 주로
2. 숙제
3. 알다, 이해하다
4. 장소
5. 그리고 나서
6. 서다
7. 주차장
8. 흡연실
9. 죽다
10. 상관없다
11. 반년

たてのかぎ (세로열쇠)

A. 출발
B. 열심히
C. 되돌아가다
D. 반드시
E. 청소
F. 일, 업무

しりとり (끝말 잇기)

しりとり란 '엉덩이를 잡다'는 의미로, 우리말의 '끝말 잇기' 게임을 가리킵니다. 단, 일본어의 しりとり에서는 「ん」이 나오면 지게 됩니다. 왜냐하면 일본어에서 「ん」으로 시작되는 단어는 없으니까요. 또 발음을 기준으로 히라가나와 가타카나 구분 없이 모두 사용하고, 작은 글자들은 큰 글자와 공통으로 사용합니다. 물론 한 번 나온 단어는 다시 말할 수 없습니다.
그럼 『New 다락원 일본어 Step1』의 단어를 총정리하는 의미에서 다음의 しりとり를 이어 볼까요?

あたたかい 따뜻하다 → ⬜ 여동생 → ⬜ 친구 →
⬜ 주차장 → ⬜ 위 → ⬜ 영화 →
⬜ 학교 → ⬜ 바다 → ⬜ 모두 →
⬜ 여름 → ⬜ 책상 → ⬜ 역 →
⬜ 김치 → ⬜ 조금 → ⬜ 매우 →
⬜ 이미, 벌써 → ⬜ 노래 → ⬜ 담당자 →
⬜ 쉬다 → ⬜ 어렵다 → ⬜ 지금 →
⬜ 매일 → ⬜ 지하철 → **つくる** 만들다 →

る ?!

여러 가지 동사 모음

来る 오다　　　待つ 기다리다　　　行く 가다

出発する 출발하다
戻る 돌아오다
走る 달리다·뛰다
歩く 걷다

起きる 일어나다

洗う 세수하다　　磨く 이빨을 닦다　　遊ぶ 놀다　　歌う 노래하다

寝る 자다

浴びる 샤워를 하다　　休む 쉬다　　疲れる 피곤하다　　踊る 춤추다

乗る 타다   降りる 내리다   登る 올라가다   ある 있다(식물)   いる 있다(사람・동물)

始まる 시작되다   終わる 끝나다

晴れる 화창하다 (맑다, 개다)   くもる 흐리다   降る (비, 눈 등이) 오다

がんばる 열심히 하다   頼む 부탁하다   祈る 기원하다

   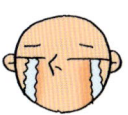

驚く 놀라다   喜ぶ 기뻐하다   笑う 웃다   泣く 울다

부록

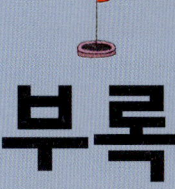

연습문제 듣기대본

연습문제 및 퍼즐 정답

04 연습문제

1. はじめまして。わたしは中田です。

2. ① A: はじめまして。
   B: はじめまして。わたしは山本です。どうぞよろしく。
   ② A: わたしは会社員です。あなたは大学生ですか。
   B: はい、わたしは大学生です。
   ③ A: わたしは日本人です。あなたも日本人ですか。
   B: いいえ、わたしは日本人ではありません。中国人です。

3. ① わたしは中村です。わたしは大学生です。
   ② わたしは金です。わたしは大学生ではありません。会社員です。
   ③ A: 高橋さんは医者ですか。
   B: はい、わたしは医者です。
   ④ A: 中田さんは大学生ですか。
   B: わたしは大学生ではありません。先生です。
   ⑤ A: イムさんは韓国人ですか。
   B: わたしはイムではありません。林です。わたしは日本人です。

05 연습문제

1. ① A: これは何ですか。
   B: それは携帯電話です。
   ② A: それは何ですか。
   B: これは消しゴムです。
   ③ A: あれは何ですか。
   B: あれは時計です。

2. ① A: これはだれの本ですか。
   B: それは中村さんの本です。
   ② A: これはだれのかさですか。
   B: それは加藤さんのかさです。
   ③ A: これはだれのかばんですか。
   B: それは加藤さんのです。

3. ① A: これは何ですか。
   B: それはえんぴつです。
   ② A: これもえんぴつですか。
   B: いいえ、それはけしゴムです。
   ③ A: これはだれのてちょうですか。
   B: それは中村さんのです。
   A: このけいたいも中村さんのですか。
   B: はい、それも中村さんのです。

06 연습문제

1. ① A: いま何時ですか。
   B: 4時20分です。
   ② A: いま何時ですか。
   B: 9時半です。
   ③ A: いま何時ですか。
   B: 5時45分です。

2. ① A: いま何時何分ですか。
   B: いま8時31分です。
   ② A: テストはいつからいつまでですか。
   B: きょうからあしたまでです。
   ③ A: 休みはいつまででしたか。
   B: きのうまででした。

3. ① A: 銀行は何時から何時までですか。
   B: 9時から4時30分までです。
   ② A: 休みはいつからいつまでですか。
   B: きょうからあさってまでです。
   ③ A: きょうはテストじゃありませんか。
   B: きょうは休みです。テストはきのうまででした。

07 연습문제

1. (1) きょうは4月8日です。私のたんじょう日です。
   (2) A: テニスの試合はいつからですか。
   B: 9月10日からです。
   (3) A: 面接はいつですか。
   B: 今週の水ようびです。

2. ① A: しけんは何日から何日までですか。
   B: 12日から17日までです。
   ② A: テニスの試合は何ようびですか。
   B: 土ようびです。

③ A: 中田さんのたんじょう日はいつですか。
　　B: 28日です。

3. ① A: きょうは1月8日(ようか)です。
　 ② A: テニスの試合はにちようびでした。
　 ③ A: 休みは20日(はつか)からです。

08 연습문제

1. (1) A: みかんみっつとトマトひとつでいくらですか。
　　　 B: 全部でせんさんびゃく円です。
　 (2) A: このカメラはいくらですか。
　　　 B: にまんろっぴゃく円です。
　 (3) A: いいとけいですね。いくらですか。
　　　 B: いちまんはっせん円です。

2. ① A: このちいさい電子てちょうはいくらですか。
　　　 B: 25,600(にまんごせんろっぴゃく)円です。
　 ② A: 加藤さん、飲物は何にしますか。
　　　 B: 私はコーヒーにします。
　 ③ A: こちらのはいかがですか。
　　　 B: 私は赤い花がいいですね。

3. ① ノートは全部で800(はっぴゃく)円です。
　 ② このデジカメは60,000(ろくまん)円です。
　 ③ A: このくろいかばんはいくらですか。
　　　 B: これは10,000(いちまん)円です。
　 ④ コーヒーは300(さんびゃく)円ですね。

09 연습문제

1. ⓐ このとけいは高いです。
　 ⓑ この小説はおもしろくありません。
　 ⓒ 日本語はむずかしくないです。

2. ① 東京よりソウルの方が寒いです。
　 ② 私はりんごよりみかんの方がおいしいです。
　 ③ 日本語より英語の方がむずかしいです。

3. ① A: 北海道はどんなところですか。
　　　 B: 日本で一番雪が多いところです。
　 ② A: 済州道はどんなところですか。
　　　 B: 韓国で一番冬があたたかいところです。

4. ① ニューヨークは暑いです。
　　ソウルは寒いです。
　 ② 金さんのかばんは大きいです。
　　中田さんのかばんはちいさいです。
　 ③ このとけいは高いです。
　　あのとけいは安いです。

10 연습문제

1. ⓐ りっぱな図書館ですね。
　 ⓑ ばらの花はきれいです。
　 ⓒ 高橋先生は親切です。

2. ① A: 新村はしずかですか。
　　　 B: いいえ、しずかじゃありません。
　　　　にぎやかです。
　 ② A: この電子てちょうは便利ですか。
　　　 B: いいえ、便利じゃありません。
　　　　不便です。
　 ③ A: 中村さんは野球が上手ですか。
　　　 B: いいえ、上手じゃありません。
　　　　下手です。

3. ① A: 山本さんはしずかな人ですか。
　　　 B: いいえ、しずかじゃありません。
　　　　山本さんはにぎやかな人です。
　 ② A: あの医者はとても親切ですね。
　　　 B: そうですね。
　 ③ A: 朴さんは野球が好きですか。
　　　 B: いいえ、私はサッカーが一番好きです。

11 연습문제

1. ① A: 郵便局はどこですか。
　　　 B: 学校の近くです。
　 ② A: この近くに駅はありますか。
　　　 B: あのデパートの前にあります。
　 ③ A: 図書館は学校にありますか。
　　　 B: いいえ、学校にはありません。
　 ④ A: 辞書はどこですか。
　　　 B: つくえの上です。

2. ① A: すみませんが、病院はどこにありますか。
　　　 B: くすり屋のうしろにあります。

② **A:** すみません。講義室はどこですか。
B: あの建物のなかです。

3. ① **A:** 病院はどこですか。
B: 駅のうしろです。
② **A:** 食堂はどこですか。
B: 駅の前です。
③ **A:** くすり屋はどこにありますか。
B: デパートの中にあります。
④ **A:** 銀行はどこにありますか。
B: デパートの前にあります。

12 연습문제

1. ① **A:** 先生は教室にいますか。
B: はい、教室にいます。
② **A:** さいふはかばんにありますか。
B: いいえ、かばんにはありません。
つくえの上にあります。
③ **A:** 弟は家にいますか。
B: いいえ、家にいません。
④ **A:** お兄さんは病院にいますか。
B: いいえ、病院にいません。
くすり屋の前にいます。

2. (1) ① **A:** 朴さんはどこにいますか。
B: 駅のまえにいます。
② **A:** けいたいはどこにありますか。
B: つくえの下にあります。
(2) ① **A:** 教室に人は何人いますか。
B: 4人います。
② **A:** 何人家族ですか。
B: 8人家族です。

3. **A:** これはだれの写真ですか。
B: わたしのです。
A: 家族の写真ですね。何人家族ですか。
B: 5人家族です。これは祖母です。
それからこれは父です。
A: お父さんのまえはお兄さんですか。
B: いいえ、弟です。いま大学生です。

13 연습문제

1. ⓐ **A:** 毎日朝ご飯を食べますか。
B: いいえ、ほとんど食べません。
ⓑ **A:** アルバイトは毎日行きますか。
B: はい、毎日行きます。
ⓒ **A:** 毎朝6時に起きますか。
B: いいえ、8時ごろ起きます。
ⓓ **A:** 毎日お酒を飲みますか。
B: いいえ、毎日飲みません。時々飲みます。

2. ① **A:** 中田さんは何時ごろ寝ますか。
B: 私は12時に寝ます。
② **A:** このノートパソコンはいかがですか。
B: はい、このノートパソコンは安いし便利です。

3. **A:** 毎朝6時に起きますか。
B: いいえ、6時には起きません。
私は6時半に起きます。
A: 何時に朝ご飯を食べますか。
B: ほとんど朝ご飯を食べません。
A: 会社は朝早いですか。
B: いいえ、会社は9時からですが、
その前に毎日日本語の勉強をします。
A: じゃ、会社まで何で行きますか。
B: バスで行きます。

14 연습문제

1. (1) **A:** 高橋さん、あしたサッカーをしませんか。
B: ええ、いいですよ。
(2) **A:** 私は来週の日曜日休みです。
B: そうですか。では、いっしょに映画でも
みましょうか。
A: はい、そうしましょう。
(3) **A:** 金さんは冬休みにアルバイトをしますか。
B: いいえ、旅行にいきます。

2. ① **A:** 加藤さんは韓国にいますか。
B: いいえ、もう日本へ帰りました。
② **A:** 中田さんの写真展示会に行きましたか。
B: いいえ、行きませんでした。

③ A: 私、今週の土曜日は休みです。いっしょに旅行でも行きませんか。
　　B: ええ、行きましょう。

3. ⓐ A: きのう中田さんとご飯を食べましたか。
　　B: いいえ、中田さんと食べませんでした。きのうはひとりで食べました。
　ⓑ A: きょうの午後映画を見ませんか。
　　B: すみません。きょうはちょっと。午後から日本語の試験です。
　ⓒ A: あしたお酒でも飲みましょうか。
　　B: いいですね。

15 연습문제

1. ⓐ A: どこに行きますか。
　　B: 図書館へ勉強しに行きます。
　ⓑ A: どこに行きますか。
　　B: デパートに父のくつを買いに行きます。
　ⓒ A: どこに行きますか。
　　B: フランス料理を食べに行きます。
　ⓓ A: どこに行きますか。
　　B: 友だちに会いに行きます。

2. ① A: きょうはあたたかいですね。
　　B: そうですね。旅行にでも行きたいですね。
　② A: こんどの土曜日は会社が休みです。
　　B: いいですね。どこか行きますか。
　　A: うーん、そうですね。海で遊びたいですね。
　③ A: 昼休みに何を食べましょうか。
　　B: 私はピザが食べたいです。

3. ① 私はアクション映画が見たいです。
　② ピザとステーキとどちらの方が好きですか。
　③ 毎朝ニュースを見ます。
　④ このビルの中に病院がありますか。
　⑤ 会社までバスで行きます。
　⑥ もっと高いカメラがありますか。

16 연습문제

1. ① A: あしたは英語の試験があります。10時までに来てください。
　② A: 中村さん、もう帰りますか。
　　B: いっしょうけんめい勉強をしてつかれました。
　③ A: 日本語のしけんはどうでしたか。
　　B: 漢字が難しくてたいへんでした。

2. ① おもしろくない小説は読みません。
　② 便利じゃない携帯はいりません。
　③ 高くない化粧品もあります。
　④ 親切じゃない店員もいます。

3. ① 日本語で話してください。
　② 早く帰ってください。
　③ 彼を呼んでください。
　④ 朝6時に起きてください。

4. 今日は授業が終わって友だちに会いました。友だちといっしょにコーヒーを飲んで映画を見ました。それから友だちの彼氏を呼んでいっしょに書店へ行きました。そこで雑誌を何さつか買いました。8時ごろ家へ帰って、いなかの母に電話をして、シャワーをあびました。それから雑誌を読んで12時に寝ました。

17 연습문제

1. ① ばらの花がさいています。
　② ピザを作っています。
　③ 電気がついています。
　④ 田中さんはもう日本へ行っています。

2. ① A: コンピューターは持っていますか。
　　B: はい、ノートパソコンを使っています。
　② A: 朴さんはいま何をしていますか。
　　B: コーヒーを飲んでいます。
　③ A: 先生は何をしていますか。
　　B: 高橋さんと話しています。
　④ A: 何をしていますか。
　　B: 本を読んでいます。

3. ① 中村さんはコーヒーを飲んでいます。
② 金さんは音楽を聞いています。
③ 李さんはパンを食べています。
④ 朴さんはノートパソコンを使っています。
⑤ 高橋さんは先生と話しています。

18 연습문제

1. ⓐ **A:** 辞書を見てもかまいませんか。
B: 辞書を見てはこまります。
ⓑ **A:** 海で泳いでもいいですか。
B: ええ、いいです。
ⓒ **A:** 妹といっしょに行ってもかまいませんか。
B: いっしょに来てはこまります。ひとりで来てください。
ⓓ **A:** テレビを見てもかまいませんか。
B: 宿題をしてから見てください。

2. ① **A:** いつ出発しますか。
B: みんなが来てから出発します。
② **A:** マンションの前で車をとめてもいいですか。
B: いいえ、あちらの駐車場を利用してください。
③ **A:** 朴さん、どこかへ行きますか。
B: いなかへ行きます。あしたから休みですから。
④ **A:** 暑いですね。ドアを開けてもかまいませんか。
B: ええ、いいです。

3. ① **A:** 顔を洗ってから何をしますか。
B: 顔を洗ってからご飯を食べます。
② **A:** 音楽を聞いてから何をしますか。
B: 音楽を聞いてから寝ます。
③ **A:** シャワーを浴びてから何をしますか。
B: シャワーを浴びてからテレビを見ます。

연습문제 및 퍼즐 정답

04
1. ③

2. ① 山本
   ② 大学生, 大学生
   ③ 中国人

3. ① ⓑ
   ② ⓓ
   ③ ⓒ
   ④ ⓐ
   ⑤ ⓔ

4. (1) ②
   (2) ③

05
1. ① ⓐ 携帯電話
   ② ⓑ 消しゴム
   ③ ⓐ 時計

2. ① 中村さん, 本
   ② 加藤さん, かさ
   ③ それは加藤さん

3. ① えんぴつ, ⓒ
   ② けしゴム, ⓐ
   ③ けいたい, ⓓ

4. (1) ②
   (2) ④

06
1. ① ○
   ② ×
   ③ ○

2. ① 8時31分(はちじさんじゅういっぷん)
   ② きょう, あした
   ③ きのう

3. ① 9時(くじ), 4時30分(よじさんじゅっぷん)
   ② きょう, あさって
   ③ きのう

4. (1) ②
   (2) ④

07
1. (1) ①
   (2) ②
   (3) ①

2. ① 12日から17日まで
   ② 土ようび
   ③ 28日

3. ① 8日(ようか)
   ② 日曜日(にちようび)
   ③ 20日(はつか)

4. (1) ②
   (2) ②

08
1. (1) ②
   (2) ③
   (3) ②

2. ① 25,600円
   ② コーヒー
   ③ 赤い花

3. ① 800(はっぴゃく)
   ② 60,000(ろくまん)
   ③ 10,000(いちまん)
   ④ 300(さんびゃく)

4. (1) ④
   (2) ②

09
1. ① ⓐ
   ② ⓒ
   ③ ⓑ

2. ① 寒い
   ② おいしい
   ③ むずかしい

3. ① 多い
   ② あたたかい

연습문제 및 퍼즐 정답

   4. ① 暑い, 寒い
      ② 大きい, ちいさい
      ③ 高い, 安い

   5. (1) ④
     (2) ④

10 **1.** ① ⓒ
     ② ⓑ
     ③ ⓐ

   2. ① しずかじゃありません
     ② 便利じゃありません
     ③ 上手じゃありません

   3. ① にぎやかな
     ② 親切な
     ③ 好きな

   4. (1) ③
     (2) ①

11 **1.** ① ○
     ② ×
     ③ ×
     ④ ○

   2. ① うしろにあります
     ② なかです

   3. ① ⓑ
     ② ⓓ
     ③ ⓐ
     ④ ⓒ

   4. (1) ③
     (2) ②

12 **1.** ① ⓐ
     ② ⓑ
     ③ ⓑ
     ④ ⓑ

   2. (1) ① まえ
        ② 下
     (2) ① 4人
        ② 8人

   3. (1) ③
     (2) ③

   4. (1) ④
     (2) ②

13 **1.** ① ⓒ
     ② ⓑ
     ③ ⓓ
     ④ ⓐ

   2. ① 寝ますか, 寝ます
     ② 安いし便利です

   3. 起きます, 食べません, します, 行きます

   4. (1) ②
     (2) ③

14 **1.** (1) ①
     (2) ①
     (3) ②

   2. ① 帰りました
     ② 行きませんでした
     ③ 行きましょう

   3. ① ⓑ (きょうの)午後
     ② ⓐ きのう
     ③ ⓒ あした

   4. (1) ③
     (2) ④

15 **1.** ① ⓒ
     ② ⓑ
     ③ ⓓ
     ④ ⓐ

2. ① 行きたい
   ② 遊びたい
   ③ 食べたい

3. ① アクション
   ② ピザ, ステーキ
   ③ ニュース
   ④ ビル
   ⑤ バス
   ⑥ カメラ

4. (1) ③
   (2) ④

16

1. ① ○
   ② ○
   ③ ×

2. ① おもしろくない, 読みません
   ② 便利じゃない, いりません
   ③ 高くない, あります
   ④ 親切じゃない, います

3. ① 話して
   ② 帰って
   ③ 呼んで
   ④ 起きて

4. 終わって, 飲んで, 呼んで, 帰って, して, 読んで

5. (1) ②
   (2) ④

17

1. ① 상태
   ② 진행
   ③ 상태
   ④ 완료

2. ① 使っています
   ② 飲んでいます
   ③ 話しています
   ④ 読んでいます

3. ① ⓒ 飲んで
   ② ⓑ 聞いて
   ③ ⓔ 食べて
   ④ ⓓ 使って
   ⑤ ⓐ 話して

4. (1) ①
   (2) ③

18

1. ① ⓓ
   ② ⓐ
   ③ ⓑ
   ④ ⓒ

2. ① 出発し, 出発し
   ② とめ
   ③ 休み
   ④ 開け

3. ① 洗って
   ② 聞いて
   ③ 浴びて

4. (1) ③
   (2) ③

연습문제 및 퍼즐 정답

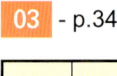 - p.34

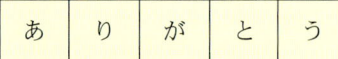

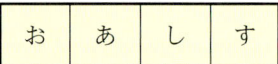

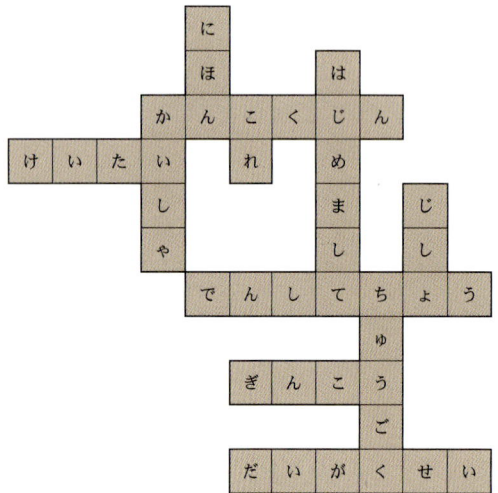 - p.60

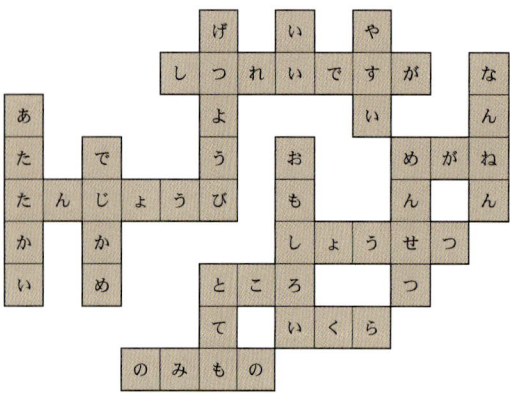 - p.86

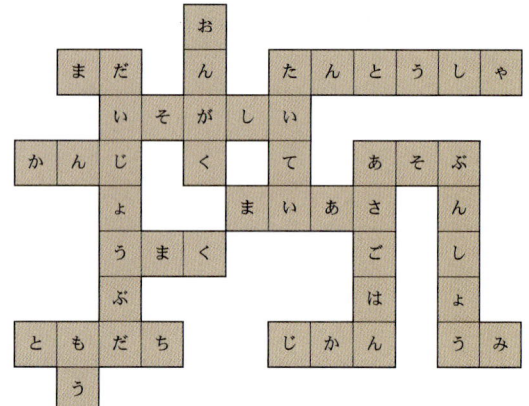 - p.114

15 - p.140

18 - p.168

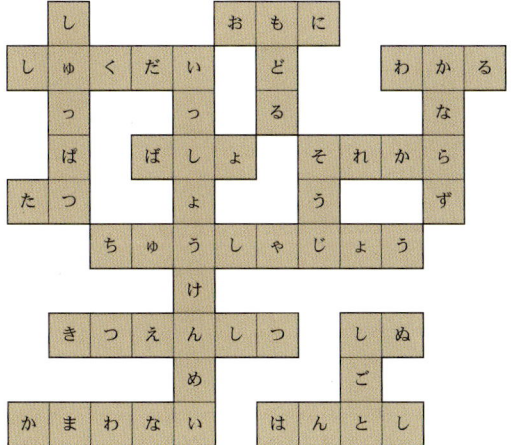

18 - p.169

あたたかい	→	いもうと	→	ともだち	→
ちゅうしゃじょう	→	うえ	→	えいが	→
がっこう	→	うみ	→	みんな	→
なつ	→	つくえ	→	えき	→
キムチ	→	ちょっと	→	とても	→
もう	→	うた	→	たんとうしゃ	→
やすむ	→	むずかしい	→	いま	→
まいにち	→	ちかてつ	→	つくる	

New 다락원 일본어 Step 1

지은이 최충희, 마치다 고유키, 박민영
펴낸이 정규도
펴낸곳 (주)다락원

초판 1쇄 발행 2002년 2월 15일
개정1판 1쇄 발행 2006년 11월 10일
개정1판 24쇄 발행 2024년 7월 17일

책임편집 이경숙, 김유미, 송화록
디자인 서해숙, 김미자
일러스트 유겨레, 김지숙

🖉 **다락원** 경기도 파주시 문발로 211
내용문의: (02)736-2031 내선 460~465
구입문의: (02)736-2031 내선 250~252
Fax: (02)732-2037
출판등록 1977년 9월 16일 제406-2008-000007호

Copyright ⓒ 2006, 최충희, 마치다 고유키, 박민영

저자 및 출판사의 허락 없이 이 책의 일부 또는 전부를 무단 복제·전재·발췌할 수 없습니다. 구입 후 철회는 회사 내규에 부합하는 경우에 가능하므로 구입문의처에 문의하시기 바랍니다. 분실·파손 등에 따른 소비자 피해에 대해서는 공정거래위원회에서 고시한 소비자 분쟁 해결 기준에 따라 보상 가능합니다. 잘못된 책은 바꿔 드립니다.

ISBN 978-89-5995-276-2 18730
ISBN 978-89-5995-275-5 (세트)

http://www.darakwon.co.kr

- 다락원 홈페이지를 방문하시면 상세한 출판 정보와 함께 동영상강좌, MP3 자료 등 다양한 어학 정보를 얻으실 수 있습니다.
- 다락원 **Cyber 어학원** 내 〈일본어 공부방〉에서는 다양한 일본어 학습코너가 제공되고 있습니다.
- 다락원 홈페이지 자료실에서 **본문 회화의 해석, MP3 파일 (무료)**을 다운로드 받으실 수 있습니다.